JN199404

いのりの海へ

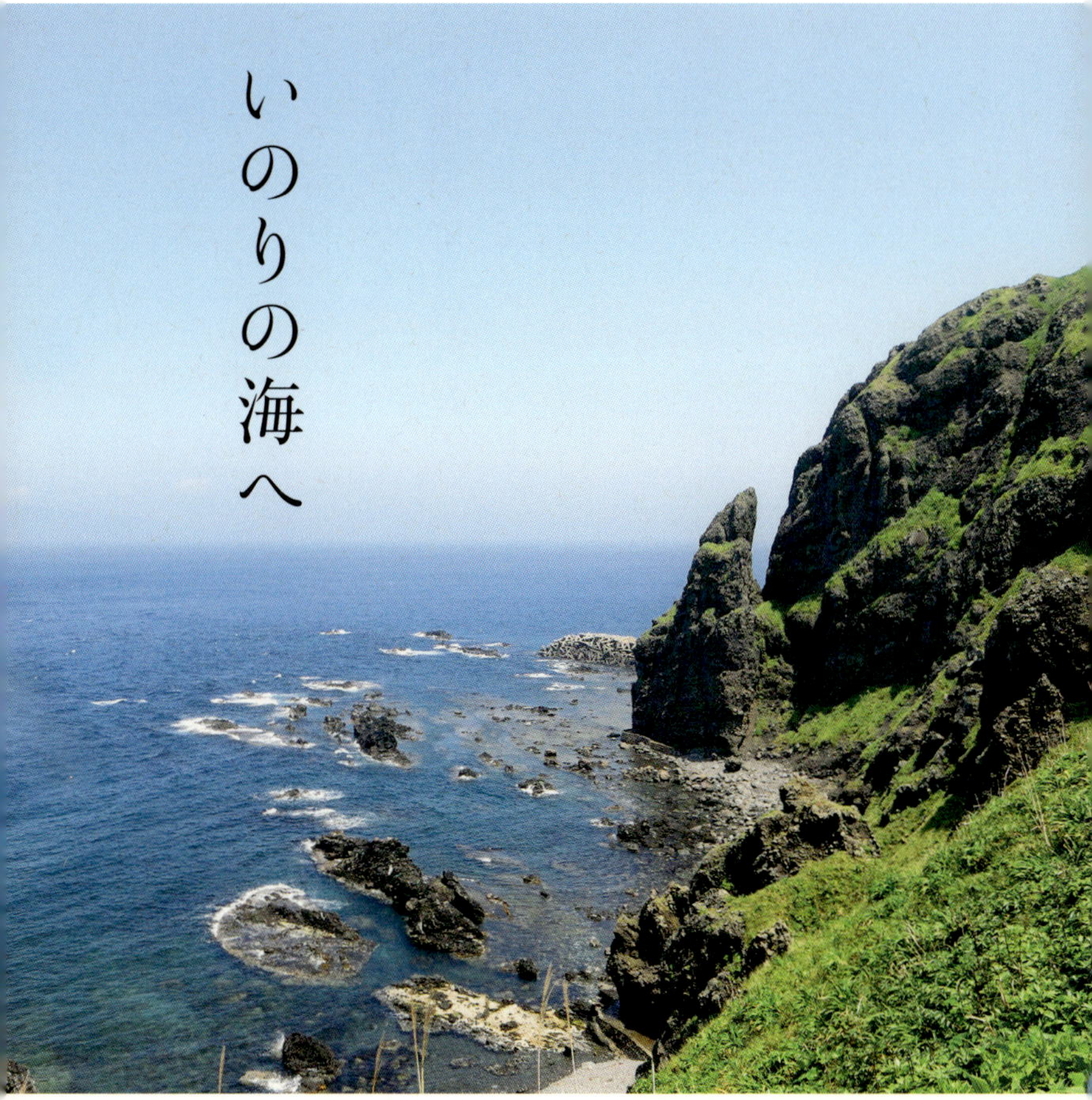

天気がよければ正面にくっきりと北海道の松前が見える。
青森・竜飛崎（P.132）

時々、海を見たくなる。
少年時代を海辺の町で育った。
故郷を思い出したく
なるのだろうか。

南からの文化や風俗、そして八丈の名産品の多くが黒潮の贈り物である。
東京・八丈島 名古の展望台から（P.72）

「この島は神一色だよ。沖縄に残された最後の神の島だ。一握りの土も、一本の木も、一滴の水もすべて、この島の共有物、神の物として生活の中にある」
沖縄・久高島 最北カベール岬（P.208）

古い家並みと桜並木、時間が止まったかのようなたたずまいのこの町の中を、清冽な小川がいたるところに流れている。

群馬・甘楽 遊歩道（P.12）

旭川から車で20分。桜と紅葉の名所、神《カム》居《イ》古《コ》潭《タン》。アイヌ語で「神様のいるところ」。

北海道・旭川（P.171）

急な傾斜地に十字架の墓が並び、上段には平たい石を箱型に積んだ古い墓碑が数十も並ぶ。禁教時代の潜伏期のものもあるという。

長崎・隠れキリシタンの墓（P.177）

函館の路面電車（P.157）

小鳥達にも似た、はかなく、強い、若き画学生の思いを引き継ぎ、記憶することの大切さを思う。

長野・無言館（P.189）

人は多くの荷を沈黙したその肩に負いながら、それぞれの人生を歩んでいる。

香川・小豆島 不動明王（P.183）

佐賀・有田 陶山神社（P.92）

小道を上がると、ド・ロ様が設計・施工した出津教会。白く端正な教会堂が青い海に映えている。
長崎・カトリック出津教会（P.177）

いのりの海へ

出会いと発見　大人の旅

渡辺憲司

目次

第1章 安らぎの旅路

第2章 自由への旅路

第3章 青春の回廊

第4章 いのりの海へ

本書は『明日の友』149号〜184号、229号に掲載された記事から30篇、自由学園最高学部長ブログに掲載されたエッセイから3篇を選び、加筆、修正したものです。
＊文中の固有名詞、連絡先などは、掲載当時のもの（一部修正）です。

第1章

安らぎの旅路

NO.1

水清きふるさと　甘楽《かんら》

群馬

昭和三〇年代始め、中学に入学した時に買った地図帳がある。「もう時代遅れになったのだから捨てよう」と思っているのだが、何だか捨てきれずに残っている地図帳である。

もちろん新幹線も高速道路の記載もない。役に立たないとは知りながら、国内はもちろん外国に行く前の晩には、決まってこれを広げる。

中学に入学し、給食の脱脂粉乳から解放され、弁当になったのは嬉しかった。男の子は競って休み時間に早弁をし、授業中にも先生の目を盗んで弁当を食べたが、その前に覆い隠すように地図帳を置くと実に具合がよかった。

第1章
安らぎの旅路

この地図帳は一番の愛読書かもしれない。醤油のシミのようなあと、赤丸や時刻や他にも実に多くの書き込みがあり、二重の赤丸が付けられているところも何カ所かある。宮崎の青島・天橋立・阿蘇等、北海道の少年が憧れるような南国の観光地である。その中に混じって群馬の甘楽に二重丸が付いている。

地名の美しさに心ひかれたのだろうか。たまさかに思い立って甘楽町を訪ねた。

上越新幹線でJR高崎までは約五〇分。高崎で二両編成の上信電鉄に乗り換え、西に向かう。北には、榛名山、赤城連山、妙義山、さらにその向こうには浅間山が見え、行く手には荒船山《あらふねやま》、南には、秩父の山々が続いている。遠い山並みと広大な関東平野が電車を包み込むように迎える。

ゆったりとした気分の車中、突然、電車の屋根に激しい雨音がした。荒々しい妙義山の山肌が一瞬かきくもる。

甘楽野をまさに襲はむ夕立は
妙義の峰にしぶきそめたり

群馬県が生んだ歌人、吉野秀雄の一首である。吉野秀雄の名前も久しく聞かないが、愛児の発狂、死に至る病、二重三重の苦しみの中で書かれた氏の随筆『やわらかな心』がベストセラーになったのは、昭和四一年（一九六六）、私が大学三年の時であった。魂がゆさぶられた忘れられない作品である。その一節、

死はほんとうにおそろしい。わたしは年六十余になったし、これまでになんども死にそこねたような病人だから、もはやいつ死んでもかまわぬといえる覚悟がありそうなものだが、それがなかなかそうはいかず、死はいまもっておそろしい。しかしまた、死はおそろしいだけかというと、正直にかえりみて、いくらか慕わしく感じられる点もなくはない。もしも万一、死がなかったらどうなるか。われわれの生は気のぬけた、うすぼんやりした、無意味なものと化するだろう。この空想をだんだん追いつめてゆくと、今度は逆に生が途方もなくおそろしいものとなるに相違ない。ありがたいことに、死があるために生は自覚され、会いがたい生に会いえたという感謝の念も湧いてくる。

「感謝」を合わせ鏡に生と死が隣り合わせに存在するという言葉が、少しわかるような気がする。年輪の持つ大切な感覚かもしれない。

束の間の通り雨が過ぎ、妙義山に虹がかかる。

甘楽の里の中心は、小幡《おばた》。高崎から三〇分、上信電鉄の上州福島の駅から歩いて三キロほどである。物産センターでボランティアの案内人山本さんと落ち合う。かなりのお年のようだが実に健脚である。

昼食前に小幡の町を一回りした。小幡は、旧中山道の脇街道、下仁田街道の宿場町としても賑わったが、城下町としても栄えた。江戸時代になってこの町を整備したのは、織田信長の二男信雄《のぶかつ》である。信雄は徳川家康から元和《げんな》元年（一六一五）大和宇陀《やまとうだ》郡三万石と、この上野《こうずけ》小幡の二万石を与えられた。織田の家名を残そうとした家康の配慮でもある。その後、明和四年（一七六七）に織田氏が出羽の高畠《たかはた》に移封されると、松平氏が幕末までこの地を治めた。幕末、嘉永三年（一八五〇）に松平氏が城主格となり、陣屋は小幡城と呼ばれるようになった。

多くある城下町の中でも、もっとも小さな城下町の一つであろう。ほとんど歴史の表舞台には登場しない。桜の下での武者行列の時には多くの観光客で溢れるそうだが普段は静かな町である。

こぢんまりと、また、しっとりとした武家屋敷の白壁が続く。一〇〇坪に定められていたという屋敷の中の庭に大きな樫の木があった。樹齢四〇〇年。この木を見ていると時代を共に生き、しなやかに誠実に生活する武士達の姿が浮かんでくる。古い家並みと桜並木、時間が止まったかのようなたたずまいのこの町の中を、清冽な小川が至るところに流れている。網の目のようにめぐる雄川堰の分流で、日本の名水百選にも選ばれた用水路である。

どこの田舎も競って都会化を急ぎ、急速な時の流れに遅れまいとして、大事なものを失っていった。その最たるものが「水」である。

水や小川に関する日本語は実に美しい。水玉・水鏡・水盤・水滴・浅瀬・苔清水等等、この町には美しい日本語の「水」が残っている。約二時間半の短い散策、小川のせせらぎが、心のひだに長く沈殿していた悲しみを洗い流してくれるような気がした。忘れていた幼い日の原景が、水の音と共によみがえる町である。

山本さんが、ひょいと水辺に降りて「今度は蛍の頃にいらっしゃい」と言いながら、手にいっぱいのクレソンを私に差し出してくれた。

大正モダンの面影を残す歴史民俗資料館には、町の至る所から出土した古代遺跡が展示されている。大昔から止むことのない水音はこの地に住む人達の落ち着いた生活のリズムでもあり、大地の奏でる子守歌である。

小幡から、明治五年（一八七二）、創業時の姿がそのまま残っている富岡《とみおか》製糸《せいし》場《じょう》に立ち寄った。明治五年、新橋、横浜間に鉄道が開業し、ガス灯が初めてともった時でもある。この時期にフランス人ブリュナの技術指導のもと、ほぼ一年間という短い期間で、当時世界で最大規模の製糸工場が、忽然と田舎町に設立されたのである。富国強兵・殖産興業という国家的使命のために、日本は急坂を急ぎ足で上った。富岡製糸場はその象徴である。

工場を支えたのは全国から集められた四〇四人もの工女達。彼女達はここで技術を学び、故郷に帰り、地元の工場で指導的な役割を果たした。当時日本の輸出総額の約五割が蚕糸類、約三割が茶であった。茶摘み、そして養蚕業の担い手は言うまでもなく女性達である。日本の近代化が彼女達の労苦によって支えられていたことは、もっと記憶されてよい。珍しい木骨を支えにしたフランス積みの煉瓦も、コロニアル風のブリュナ館もじつに美しい。建築史上の貴重な建造物として、世界遺産登録の運動も盛り上がっている〔*1〕。もちろんその事をバックアップしたいと思う。だが、それ以上に私達が継承すべきものが、彼女達の汗と涙の「遺産」であることも覚えておきたい。

近くの妙義神社の急な階段を登り詰めると眼下に甘楽の野が広がった。静かなしっとりとした心落ち着くいのりを思い起こさせる、日帰りの小さな旅であった。

〔『明日の友』二〇〇六年六月一六二号〕

*1 富岡製糸場は平成二六年（二〇一四）、世界文化遺産に登録された。

■富岡製糸場―富岡市富岡1・1―☎0274・67・0075

NO.2

ゆっくら歩く東海道

静岡

甘党の酒好き。小生、正真正銘、メタボリック。減量を決意し、東海道踏査の距離計の出る万歩計を買ってウォーキングを始めた。旅人気分がなかなか励みになり、日本橋から始めた万歩計が順調に富士川を越えた。すると実際に東海道を歩きたくなった。

新幹線こだまで三島へ。三島から東海道本線で富士川を越えて新蒲原《かんばら》で下車。

旧街道に出ると、川沿いに安藤広重（一七九七〜一八五八）の

東海道五十三次「蒲原　夜之雪」の碑がある。

夜の雪の中、笠や蓑に雪を積もらせて家路をたどる静かで叙情的な絵である。しかし、この地で雪が降ることはほとんどありえない。まして広重が訪れたのは夏、彼の空想、想像的作品等というのが一般的な見方である。なぜ雪を降らせたのか。

東海道では年間約二〇〇万人が行き来していたという。平均して一〇メートルに二、三人がすれ違っていたともいう。この数には、一万石クラスの大名の五、六〇人の大名行列や、二キロも続いた前田百万石の行列の数等は含まれていない。

蒲原は、江戸時代後期、住民約二五〇〇人余、大小合わせた旅籠《はたご》屋四五軒余り、駕籠屋も一〇〇人を超す、近辺では屈指の大きな宿場であった。広重が旅したのは季節のよい時期、街道はぞろぞろと人が連なって歩いていたに違いない。昼間の喧噪とは対照的な夜の景、雪を降らせて広重が語りかけているものは何か。

そんなことに思いをめぐらせるにふさわしい町並みが、いまも蒲原には残っている。黒塗りの板塀に囲まれた本陣、当時のままの看板掛けのお休み処や格子戸の家。醤油屋跡の商家や大正ロマンの面影を残す歯科医院の洋館は、共に国登録有形文化財である。「ゆっくらね」（蒲原弁でゆっくり）と送られ、途中で買った海のチューインガム？珍味「イルカのすまし」を噛みながら次の由比《ゆい》の宿へ。その間約四キロ。

由比は、小さな宿場だが、今も活気に溢れる港町である。宿場の中央には、本陣跡を整備した本陣公園。表門から火の見櫓《やぐら》、離れ座敷の御幸《みゆき》邸等を往時の姿に再現、敷地内には東海道広重美術館があり、保永堂《ほうえいどう》版等数種の東海道五十三次の版画が展示され、広重のビデオも流されている。浮世絵の勉強には格好のところ。向かいには、幕府転覆を企てた慶安の変で有名な由井《ゆい》正雪《しょうせつ》の生家跡がある。「正雪紺屋《しょうせつこうや》」の暖簾の奥に藍瓶が見える。

桜えび通りと名付けられた古風な町並みには、魚屋やかまぼこ屋が点在し、桜えび、しらす干し、黒はんぺん等が売られている。ここまで来ると、脂身の強い塩味のきいたイルカの珍味でのどはカラカラ、加えて桜えびのかき揚げ天ぷらのいい匂いに、減量作戦を断念。船だまりの磯の香りでビール。おまけにデザートに、つるりとした名物卵餅（『東海道中膝栗毛』の弥次喜多が食べた砂糖餅がこれ）を頬張ると、「峠越えは、タクシーにしましょうか」と同行のKさんから甘い誘惑。

次の宿場、興津《おきつ》までは九・一キロ。由比駅を過ぎるとゆるやかな上り坂になり、途中の宿の倉沢にも古風なたたずまいが残る。

峠への登り口の望嶽亭《ぼうがくてい》藤屋は、幕末、官軍に追われた山岡鉄舟《てっしゅう》がこの家の主人の機転により舟で清水に逃れた茶亭。鉄舟はこの後、清水の次郎長の助けによって西郷隆盛と会見、江戸城の平和的無血開城に尽力した。

江戸が明治維新による市街戦を免れたのは、世界の革命史では奇跡的とも言えよう。その貢献の第一に挙げるべきは山岡鉄舟。望嶽亭での機転がなければそれも果たせなかったのである。望嶽亭は江戸の庶民の恩人の家である。

切り開かれた細い峠道をゆっくり車は登る。ミカンやビワの畑の緑が、窓にふれるばかりにあふれ、左手眼下に青い海原が広がる。息を飲む絶景である。

ここ薩埵《さった》峠は、「東海道の親不知《おやしらず》」と呼ばれた街道随一の難所。将軍家への輿入れ道中には「さった」〈去った〉の音を嫌い、中山道で上ったというが、きつい峠越えを避けたのであろう。

峠の頂上からは駿河湾が一望され、西に三保の松原、南に伊豆の岬。眼下に東海道

第1章
安らぎの旅路

本線・国道一号線・東名高速が岬を縫うように曲線を描く。そして東に……。

広重、屈指の名作「由比 薩埵嶺《さったれい》」の富士山が、左手の雲間から湧き出るように見えるはずだ。だが、雲はなかなか切れそうにない。「ゆっくら待てば富士も見えるよ」と運転手さん。「歩いて来れば雲の晴れ間に出会えたかもしれませんね」とKさん。

「芭蕉も、霧時雨《きりしぐれ》富士を見ぬ日ぞ面白き、と詠んでいるけどね」と、負け惜しみで応酬。後ろ髪を引かれながら先を急いだ。

興津駅を過ぎ、渋滞する国道一号線を西に。東海道本線に分割された清見寺《せいけん》が右手に見える。江戸時代「東海名区」と謳われ、威容を誇った古刹《こさつ》。朝鮮通信使関係遺跡として国指定の史跡である。徳川家康の愛した庭や、江戸下りの途中、ここで客死した琉球王子の墓等、見所の多い寺であるが、中でも小高い植え込みに散在する五百羅漢が実にいい。泣き、笑い、怒り、喜び、その顔は千差万別だ。しかしこれらはすべて仏達だ。そこにはいのりの時間が刻まれている。

島崎藤村の『桜の実の熟する時』最終章、失意の主人公捨吉は、旅に出、清見寺に立ち寄る。藤村は、「丁度人体をこころもち小さくした程の大きさを見せた青苔の蒸した五百羅漢の石像があった。起《た》ったり座ったりして居る人の形は生きて物言うごとくにも見える」と記し、思い出の人の顔を重ねた。

国道に戻ると「揚げはんぺん　八〇円」の看板。これは大好物、アツアツを頬張る。興津はあんこ製造の発祥の地とか、駅近くの鯛焼きはホカホカ、ほどよい甘さ。

おいしい東海道。もっとゆっくら歩いて行けばさらに快適な旅であろうが、私の減量作戦には向かないようだ。

〔『明日の友』二〇〇八年六月一七四号〕

■静岡市東海道広重美術館―静岡市清水区由比297・1―☎054・375・4454

■巨鼇山《こごうざん》清見興国禅寺―静岡市清水区興津清見寺町418・1―☎054・369・0028

NO.3

元気になる大阪の旅

いつも素通りしてしまう大阪の町を、ゆったりと訪れようと、新大阪に降りたった。まず、司馬遼太郎記念館へ。近鉄奈良線の河内小阪駅に近い、東大阪市の閑静な住宅街。

庭に入ると窓越しに書斎が見える。大きな机の上には、今原稿を書き終えてちょっと一休みしていますといった感じで眼鏡が置かれ、鉛筆立てには色鉛筆がぎっしりと立ててある。司馬遼太郎の生原稿は、黒いインクの初稿の後に、赤、緑、黄、茶色の色鉛筆でカラフルに推敲が書き加えられているが、その色鉛筆。クス、シイ、ヤマモモ、そして菜の花等、氏の愛した雑木林の庭。きらきら輝く、ガラス壁の回廊を抜け

ると、安藤忠雄氏設計の記念館。目の前に蔵書二万冊余りを収めた、高さ一一メートルの大書架がそびえるように飛び込んでくる。館長から話を伺う。

「この創造空間で司馬作品と対話してほしいと思います。感じる記念館です。本当にたくさんの方に来ていただいています。地階で天井を見てくださいね。ファンの方に教えてもらってびっくりです」と。

ホールから天井を見上げると、坂本竜馬の顔によく似たシミが出ている。ミステリーじみたことに興味はないが、『竜馬がゆく』の司馬遼太郎記念館天井のイタズラ絵とも言うべきか。司馬遼太郎にこんな話をしたらきっと白髪をかき上げてちょっといやな顔をするに違いないが、ファンには、なんとも不思議なイタズラである。

道頓堀に出て、昼食は自由軒のカレーライス。太宰治と並び称され、戦前・戦後の混乱した風俗を描き一世を風靡した流行作家、織田作之助が好きだったという名物のカレーである。大衆洋食と染められた暖簾をくぐると、店内は満員盛況。赤煉瓦張りの壁に、「創業明治四三年　自由軒の玉子入り名物カレー」「トラ死んで皮をのこす織田作死んでカレーライスをのこす」等とある。

織田作の名作『夫婦善哉《めおとぜんざい》』の主人公は気弱で道楽者の若旦那柳吉。「自由軒《ここ》のラ、ラ、ライスカレーは御飯にあんじょうま、ま、まむしてあるよつて、うまい」のせりふ（映画では森繁久彌が演じて評判になった。勝気でしっかり者の女房蝶子役は淡島千景）を思い出しながら、上に乗った生玉子を、柔らかなドライカレーにまむし（まぶし）食べる。これがなかなかいける。

緑に苔むした法善寺横丁の水掛不動にお参りし、そのすぐ前にある甘味処の「夫婦善哉」で、デザート。明治一六年（一八八三）の創業の老舗。ここも織田作の小説で有名になった。柳吉は「どや、なんぞ、う、う、うまいもん食ひに行こか」と、ここに蝶子を誘う。小さな二つの椀で一人前。カップルで食べると円満になるそうだ。一人前を二人で分けて食べてはいけない。分けて食べるのは縁起が悪い。

昭和三〇年（一九五五）から二〇年間、ラジオからテレビへと引き継がれた視聴者参加のトーク番組ミヤコ蝶々・南都雄二の「夫婦善哉」もここからの命名。

御堂筋から適塾《てきじゅく》跡に向かう。

適塾は、北浜のオフィス街のビルの谷間で、今も江戸時代の町屋の姿を留めている。

塾の創始者緒方洪庵は、すぐれた蘭学者・医学者であり、天然痘やコレラの予防医学で大きな役割を果たしたことで知られるが、江戸時代末期のもっとも優れた教育者でもあった。吉田松陰の松下村塾《しょうかそんじゅく》と双璧の私塾である。明治時代の著名な政治家を輩出した松下村塾に対して、適塾からは明治初年に先進的な役割を果たした文化人や、医者を輩出した。代表的な人物は慶應義塾大学の創始者福澤諭吉、日本赤十字社の初代総裁佐野常民《つねたみ》等。門人は全国に散らばって活躍している。司馬遼太郎の『花神』で知られる大村益次郎、手塚治虫の曾祖父で、長編漫画『陽だまりの樹』の主人公手塚良庵もこの塾の出身者。

福澤諭吉は、「其の緻密なること、其の放胆なること実に蘭学界の一大家、名実共に違わぬ大人物」と洪庵を絶賛している。緻密と放胆がこの塾の魅力であった。自由な精神の陶冶が秀才を生む。六〇人もの若者が寝起きし、畳一枚分しか自分の場所がなかったという二階の大部屋の柱の刀傷は、血気盛んな若者の跡、その隣の辞書部屋はその緻密さの鍛錬の場であった。洪庵は、塾生が帰郷の際、はなむけに「事に臨んで賤丈夫となるなかれ」と贈った。大事にあたって賤しい男になるなと言うのである。

塾を支えたのは商人の精神。媚びない商人のサービス魂が大阪を育てた。

一丁目から七丁目まで、南北二・六キロ、天神橋筋商店街は日本一長い商店街だそうだ。地方の商店街がシャッター通り等と呼ばれている昨今、この商店街は元気いっぱいである。その商店街と大阪天満宮に挟まれて、上方落語の定席繁昌亭がある。桂文枝の上方落語再興の意欲を商人と天神さんがバックアップした寄席。朝の連続テレビ小説「ちりとてちん」のヒロインが登場してくるような雰囲気の高座。夜はここでお笑いを満喫。

翌朝は久しぶりに大阪城。大きな石垣、見事な天守閣、大きな権力を象徴しているが、ここの見ものは、天守閣内の博物館所蔵の「大坂夏の陣図屏風」。大きな画面にデジタル最新技術でこの絵巻が再現されている。大阪城の窓から泣き叫ぶ女性達等、肉眼では直接確認することのできない微細な拡大画像がよみがえる。敗残兵、戦火を必死で逃れる母と子等、私はこの前で釘付けになった。これほど強く戦争の悲惨さを伝える絵巻もまれであろう。大阪城訪問の必見。

帰路、「大阪市立住まいのミュージアム・大阪くらしの今昔館」で江戸時代の大阪の町並みにタイムスリップ。一〇階の展望フロアから、桂米朝の語りによる案内を聞きながら、町並みを一望、降りて木戸をくぐると風呂屋・唐物屋・本屋・町会所の火の見櫓、路地を入れば裏長屋、至る所に生活のにおいが身近に感じられようにと心配りがある。八階には、大正一三年（一九二四）からの生活が語られる住まい劇場。戦後のバラック生活から団地住まいへ。古ぼけたラジオからは、ちょっと鼻にくぐもったような声の浪花千栄子と「むちゃくちゃでござりますがな」の花菱アチャコのラジオドラマ「お父さんはお人好し」が聞こえてくるような気がした。懐かしい夫婦役が何だか無性に思い出される。

大阪は円熟の夫婦連れが似合う町のようだ。「道頓堀帰るに惜しい時間なり」と川柳を口ずさみながら、元気になって新大阪へ。

〔『明日の友』二〇〇八年二月一七二号〕

■司馬遼太郎記念館—東大阪市下小阪3・11・18—☎06・6726・3860

■大阪くらしの今昔館—大阪市北区天神橋6・4・20—☎06・6242・1170

NO.4

各駅停車の小さな旅
外房

千葉

日曜日、房総半島横断、各駅停車の旅を楽しんだ。大きな葉が茂る意の千葉、房も総もたわわになる花や実の意である。この地名に古代人のゆたかでひろやかな心が宿っている。

乗り慣れた総武線で千葉まで行き、内房線の五井《ごい》駅に到着。小湊《こみなと》線のホームには、七時五二分発の一両編成のディーゼルカーが待っていた。

上総牛久《かずさうしく》を過ぎるとスーパーの大きな看板が消え、里山に広がる田園地帯へと景色が一変し、ほんわかと旅気分になってくる。

日本で高い山がもっとも少ないのが千葉県だそうだ。低い山が散在する農家と一体となって里を包み込んでいる。上総牛久——養老渓谷間の八駅すべてが無人駅。上総《かずさ》鶴舞《つるまい》はかつて六万石の城下町であったが、ここも無人駅。関東の駅一〇〇選にも選ばれた木造の古びた駅舎はスケッチにもよく描かれ、桜の名所としても知られている。養老渓谷駅までは、五井駅から約一時間。

養老渓谷はハイキングの場所としてよく知られた観光地である。鉱泉で一風呂浴びようかと思ったが何しろ終点の上総中野まで行く電車は一日二本、平日三本（当時）である。今回は我慢して大多喜《おおたき》を目指した。

上総中野で大原行きのいすみ鉄道に乗り換え。これも黄色い菜の花色の一両編成。竹林や小さな森を縫うようにして進み、夷隅《いすみ》川の小さな鉄橋を過ぎると城が見えてきた。大多喜到着九時三一分である。早朝五時起き、ずっと電車の中で少々つかれ気味であったが、あんこのぎっしり詰まった名物十万石最中で元気回復して歩き出す。

大多喜は、千葉県房総半島のほぼ真ん中。関ヶ原合戦勝利の立役者、徳川家康の片腕、本多忠朝《ただとも》十万石の城下町。少し照れくさかったが、ちょんまげ姿のボランティアの方と一緒に歩く。七〇歳だそうだが、なかなかの名調子。

家康が関東一円に覇を及ぼす際、豊臣氏に通じていた南総の里見氏への対抗として、忠朝の父、本多忠勝に十万石の高禄を与えたのである。

江戸時代初めからそのままであるという古びた夷隅神社の前では、朝市をやっている。大きいうまそうな八頭《やつがしら》が並ぶ。こじんまりした地元の人のための朝市である。

城下町らしい鉤形の多い通り、修復の進んでいる大多喜城、商い資料館や富商の重要文化財渡辺家住宅、大きな杉玉を下げた酒屋等、この町は「房総の小江戸」等のキャッチフレーズで町おこしに懸命である。

大多喜はつげ義春の愛した町だ。そのマンガに登場しそうな、大多喜街道沿いの商人宿大屋旅館。広い土間のある玄関、長火鉢の上には時を刻むのを忘れ、止まったままの大きな古時計。きしみかけているがしっかり磨かれた廊下と木枠のガラス窓。「五、六代続いています。昔は軒下の錨に今晩の料理の猪や魚をつり下げたそうですよ。冬は少し寒い安宿ですよ、いかがですか」と、ちょっとはにかんだようなお誘い。母と娘のもてなしの宿である。

障子の間から夕日が差し込み、小さな坪庭の鯉がはね、植え込みの向こうに大多喜城が見えた。朝市で見た八頭がほっかりと煮しめられ、ほどよく甘みをおび、菜の花のおひたしが添えてある。細長い二合徳利で静かに酔った。

翌朝、「タケノコの頃もいいですよ」と送られて出発。いすみ鉄道で三つ目の国吉駅で降りる。鶯の声を聞きながら、畑の間を約六キロ、鄙には稀な朱塗りの立派な山門が見えてきた。三代徳川家光の師で、学僧として知られた亮運を輩出し、家光から十万石もの扶持を与えられたという行元寺《ぎょうがんじ》である。

ゴッホが絶賛の手紙を書き送り、ドビュッシーの「海」作曲に影響を与えたという、葛飾北斎の「富嶽三十六景・神奈川沖浪裏」。その原型にもなったという欄間彫刻を見る。「波を彫らせては天下一」と称された、初代伊八《いはち》(一七五一〜一八二四)の作品である。豪快な波頭の一瞬の静止、真に迫るローアングルの大胆な構図、たしかに北斎と重なる。

伊八は北斎より一〇歳年上、寺には北斎と同門の絵師、五楽院等随《とうずい》の杉戸絵もある。北斎は少年期彫刻師を志し、後年に房総を訪れた。二人の出会いを夢想しながら駅までの道を楽しむ。

国吉から外房の海へ、大原まで各駅停車。この線路は菜の花の盛りには黄色に埋まるそうだ。大原は伊勢エビの漁獲高日本一の港町。伊勢エビを昼飯に、とも思ったが、駅前食堂で鯖のみそ煮定食。これも絶品。

帰路、御宿《おんじゅく》の岩和田《いわわだ》に立ち寄った。今から約四〇〇年前、慶長一四年（一六〇九）、フィリピンからメキシコに向かった一艘の舟がこの沖で座礁、難破。五〇余人が溺死、三〇〇余人が村人に救助された。看板には、海女達が素肌で暖め蘇生させたと記されている。同乗していた長官ドン・ロドリゴの『日本見聞録』に、海女云々の記述は見えないが、「村人達はおおいに私達を憐れみ、婦人は非常に同情深き故に涕泣《ていきゅう》せり。彼女らは自ら進んでその夫に対し着物と称する綿を入れたる衣服を貸し与えるように願った」と記す。元気な千葉の女性が救助の先頭に立ったのは事実である。昭和三年（一九二八）に建てられたメキシコ記念塔も、戦時中敵の目標になると、政府は破却を命じたそうだが、村人達は存続を訴えた。国境を越えた友好へのいのりを塔は伝えている。

記念塔から下ると、「月の砂漠」の原イメージになったきれいな砂浜が続き、若者がサーフィンに興じていた。月の出を待つ間はなかったが、ぽかぽか陽気の浜で微睡《まどろ》むと、どか波をあやつるサーフィンが、ふと北斎描く押送船《おしょくりふね》に見えてきた。

〔『明日の友』二〇〇七年四月一六七号〕

■行元寺―いすみ市荻原2136―☎0470・86・3816

NO.5

みちのくの文化都市 平泉

岩手

平泉を訪れたのは、かれこれもう四〇年も前になる。東北新幹線はもちろんなかった。平泉までの道は遠かった。

「今、平泉は二〇〇八年の世界遺産登録を目指して盛り上がっていますよ」[*1]。東京から朝早く新幹線に乗れば日帰りで十分堪能できますよ」という友人の誘いも、なんだか信じられないような気がした。

六時台の新幹線もあるが、これは早すぎる。七時四分東京発の、東北新幹線やまびこに乗ると、九時三六分に、一ノ関着。平泉までは東北本線の各駅停車で一〇分ほど

である。友人は若い。「自転車で回りましょう。この地を実感するにはこれが一番です」という。サイクリング！　久しぶりだがここで引き下がるわけにいかない。まず、柳《やなぎ》之《の》御所《ごしょ》遺跡へ向かう。

「以前いらしたのは発掘前でしたね。平成九年（一九九七）には、国の指定史跡になりました」

柳之御所は、平安時代に平泉の政庁が置かれたところ。平泉の市役所兼迎賓館とも言えよう。東京ドームの約二・五倍の大きさを誇ったという。進行中の発掘現場［＊2］に隣接して資料館があり、中国の白磁の壺や国内初の印章等、この地を治めた藤原氏の栄華を伝える遺物が陳列されているが、注目は大量の「かわらけ」の出土品である。かわらけ投げ等でもよく知られる素焼きの粗末な小皿を、貴族達は一回の食事ごとに投げ捨てたという。パーティー用の紙皿のような使い方をしたのである。

かわらけの膨大な消費は、今から約一〇〇〇年前、貴族文化華やかな時代に人口一〇万人を超え、京都以北では最大の都市であった平泉に、都に肩を並べるような文化が花開いたことを具体的に物語っている。

＊1　平成二三年（二〇一一）に、世界遺産登録。

＊2　平成二二年（二〇一〇）より、史跡公園としてオープン。

御所跡から、源義経最期の地と伝承される高舘義経堂《たかだちぎけいどう》へ向かう。兄頼朝の鎌倉幕府から追われる身となった義経は、助けを求め、一六歳から六年間青春期を過ごした思い出の平泉にやって来た。しかし、庇護者であった藤原氏も、時代の流れに抗うことができず、頼朝の命令によって義経の命を奪ったのである。

急な階段を上ると視界が開ける。眼下に北上川がキラキラ輝きながら大きく蛇行し、右手に柳之御所跡、その向こうに束稲山《たばしね》が見えている。春には、この山が一面の桜で覆われるそうだ。平安時代後期の歌人西行は、二度もこの地を訪れ、

聞きもせず束稲山のさくら花
吉野のほかにかかるべしとは

と詠み、かって聞いたこともない束稲山の桜が有名な吉野の桜にも匹敵する美しさであると感動した。

五〇〇年後、その西行を慕い、『奥の細道』を訪ねたのが江戸時代の俳人、松尾芭蕉。彼は北上川沿いの道を踏み迷い、ようやくこの地にたどり着いたのである。眼下に過

去の歴史を語るものは何もなく、桜の時も過ぎてしまっていた。そして茫々と生い茂る夏草に栄枯盛衰の歴史を見据えたのである。

夏草や兵《つわもの》どもが夢の跡

中尊寺の表参道、月見坂の下に自転車を置き、杉林の中、中尊寺金色堂に向かう。中尊寺は天台宗東北大本山。藤原清衡《きよひら》の造営で寺塔四〇余、宿坊は三〇〇を超える大寺であったが、残るのは国宝第一号指定の金色堂のみ。六年の歳月をかけた昭和の大修復によって、金色堂は新たな鞘堂に覆われながら九〇〇年前の姿を伝えている。まばゆいばかりの金色の世界に人々は極楽世界を幻想するのであろう。今も多くの参詣者が列をなしている。

「観光客を避けて裏山から毛越寺《もうつうじ》に向かいましょう」と友人はすいすい登っていく。新奥の細道と名付けられた山道、自転車を押しながらようやく登ると、北の山並みを遥かに見渡す峠に出た。

大きな自然石に、現代の俳壇に大きな足跡を残した加藤楸邨《しゅうそん》の句

邯鄲《かんたん》やみちのおくなる一挽歌

が刻まれていた。句碑の説明文に「遥かにおしやられていったもう一つの〈みちのくびと〉のかなしみが、るると細音をつづる邯鄲（鈴虫に似た虫）のように、どこからか聞こえてくるような気がして仕方ならないのである」とある。

栄華を誇るものがあればその権力に押しやられた人々がいることを我々は心に刻まねばなるまい。東北の大地がつちかってきた歴史の重みは、「征夷」の名の下に押しやられた人々の、それを抜きに考えることはできない。

毛越寺は、中尊寺が来世の極楽を象徴するのに対して、現世の浄土世界をその庭園を中心に展開したものである。その礎石の大きさはその偉容を想像するに十分である。平安時代の庭園遺跡がほぼそのままに残された姿からは、宴の響きが聞こえてくるような錯覚を覚える。五月に催される「曲水の宴」の再現は、貴族達の優雅な世界を今も我々に伝える。

正月二〇日に行われる「延年の舞」は、インドからの遠い道のりを経て伝来した仏教文化が、その旅路の果てに奏でる浄土への舞である。冬の毛越寺。浄土の池に雪が降りしきり、ひっそりとしたお堂に明かりがともされ、長寿と安楽を寿《ことほ》ぎ、延年の舞が行われる。夕闇から楽の音が響き、舞が終わるのは午後一〇時を過ぎるそうだ。

遅い昼食は毛越寺の茶店。名物のもち料理づくしをいただく。

「雪の夜の毛越寺に、またいらっしゃいませんか。その時は是非一泊を。温泉もありますよ。鱈鍋もいいですが、前沢牛も絶品ですよ。地酒も用意しましょう」と友人。

「いいですね。是非また来ましょう。でも雪で自転車は無理ですね」と私。

宇治の平等院鳳凰堂より一回り大きく造られたという無量光院《むりょこういん》跡の復元整備も終わった。藤原三代のいのりは今も人々の胸に生き続けている。

〔『明日の友』二〇〇七年一二月一七一号〕

■柳之御所資料館―岩手県平泉町平泉字伽羅楽108・1―☎0191・34・1001
■中尊寺―岩手県平泉町字衣関202―☎0191・46・2211
■毛越寺―岩手県平泉町字大沢58―☎0191・46・2331

NO.6

石見《いわみ》銀山・温泉津《ゆのつ》温泉紀行

島根

「大森銀山と温泉津、いい所でしたよ」と、周りの人に話しかけたが、ほとんどの人がその場所を知らない。「石見銀山のことですよ」と言うと、年配の人は、「ああ石見銀山鼠取りというのがありましたね」と言う。温泉津は、なかなか「ゆのつ」と読めない。島根県松江市から二両編成の山陰線特急で約一時間で大田《おおだ》市、そこから車で二〇分ほど、大森は山間にある静かな町、温泉津町は日本海沿いの港町である。

一六世紀末、世界史は大航海時代、ヨーロッパの人々、殊にポルトガルやスペインのキリシタンにもっともよく知られていた場所であった。当時、日本の最大の輸出品は銀。世界の銀輸出総額の三分の二を日本が占め、そのほとんどが大森で産出された

のである。

マルコポーロは日本を黄金の国と呼んで夢を描いたが、ザビエルの日本への思いの背後にもこの地の銀があったに違いない。この銀山がなければ、キリスト教も鉄砲の伝来もなかったというのはややおおげさだが、少なくとも、あれほど急ぎ足で西欧の国々が日本を憧れることはなかったはずだ。このことは、当時の世界地図に大森銀山の名が記されていることでわかる。

延慶二年（一三〇九）周防《すおう》の国守大内弘幸によってこの銀山は発見されたという。その頃大内氏は鎌倉幕府の執権北条貞時と対立し、蒙古・百済《くだら》軍に援軍を求めた。大内氏はその祖先を百済の国、琳聖太子という。多くの権力者が天皇家に繋がることを誇りとするのに対して、東アジアにおける大内氏の位置を語る、スケールの大きな祖先説話である。

戦いは大内、蒙古・百済連合軍対北条氏・鎌倉、東国武士集団という対立関係を生んだ。この対立に花園天皇が仲介に入り、北条氏と大内氏が和議を結ぶことになる。しかし、蒙古・百済軍は和議を受け入れず日本海に大軍を集結した。文永・弘安の元《げん》寇《こう》に次ぐ、蒙古・百済軍、日本来襲の危機である。

この時、妙見菩薩《みょうけんぼさつ》（災害を排除し、人の福寿を増す）の託宣があった。「石州《せきしゅう》の仙山に多くの銀がある。それを百済の軍兵に与え、なだめ帰させよ」（『銀山旧記』）と。そこで大内氏が仙山すなわち大森の銀峰山に来てみると、冬の日、白雪を踏む如くに銀があった。そこでこれを蒙古・百済軍に与え、戦争の危機を脱したというのである。

この話は登場人物の時代的なずれがあり、あまり流布しなかったようだが、大森の銀が露出銀できわめて良質なものであったことを伝えている。そして、平和的な解決に大森の銀が使われたという逸話には魅力を感じる。

先の元寇における殺戮のすさまじさはまだ記憶に新しい時期である。大森の銀は救国の銀と言ってよい。私には救国の神風逸話よりも現実味を帯びているのだが……。

権力者は、この地に群がり抗争を繰り返した。尼子《あまご》氏が、毛利氏が、豊臣氏が、そしてついに徳川氏がこの地を直轄地にして、江戸幕府の重要な財源としたのである。江戸時代前期において、大森銀山は佐渡の金山にまさるとも劣らない鉱山であった。

その人口は、最盛期約二〇万人と言われている。因みに当時大坂の人口が二八万人であることから推察すればこの数の異様さがわかる。階段状の抗夫達の住居跡は小高い丘の上まで続き、雨の日も軒先を歩けば濡れることがなかった。この山は一八世紀後半、江戸時代の中頃から、衰微していくが、今も繁栄の残滓が至る所にある。

龍源寺間歩《まぶ》（坑道）を歩く。屈んだ背中に水滴が落ち、どこかでのみの音が聞こえるような錯覚が襲う。坑道の先に求めたものは何であったのだろう。執念の果ては一攫千金の夢か。

山道を下りながら、親切なボランティアガイドの案内を聞いた。山には無縁仏が数千以上もあるという。また、この町では、三〇歳になると鯛の尾頭付きで長寿を祝ったという。銀は抗夫に短命を強いたのである。今は人影のない鬱蒼とした杉林の冷気には、欲望の裏側の悲劇が見える。

里近くの銀山川に石の反《そ》り橋がかかり石窟に五百羅漢がある。なぜか知らぬが、懐かしさがこみ上げてくるような気がした。故郷を離れた抗夫達が間歩の先に見ていたのは、一攫千金の夢ばかりではあるまい。幸せを求める限りなく懐かしい人達へのいのりであったに違いない。

里の大森町は、商人と武士の家が混在した江戸時代の面影を色濃く残す、懐かしさと優しさの調和した町である。蔀戸《しとみど》をはねあげた店先の大きな水瓶に生けられた季節の花、古びた看板、ブリキのおもちゃ屋、ちょっと甘めのせんべい「げたのは」、どれも心が休まる。

銀山のもつ深い悲しみは本当の優しさを育むのだろうか。全国有数の義足工房「中村ブレイス」のあるこの町から、感動の物語が生まれた。映画「アイ・ラヴ・ピース」である。アフガニスタンの内戦で右足をなくしながらも、首都カブールで懸命に生きる一二歳の少女パリザットと、大森の義肢装具士の久保と、ろう者の女性アシスタント・花岡いづみのふれあいの物語だ。

大森からの帰り、銀の積出港、温泉津町に立ち寄った。一三〇〇年前からの元湯を中心とした温泉町である。ここには歴史の重みを感じさせる寺や神社が、古民家をいかした町並みと調和している。この温泉の朝は早い。元湯を訪れる人々の下駄の音と「おはようさん」の挨拶から始まる。昼の町は静止画像のように静まりかえっている。夕方、波止場ではその日の水揚げの魚が市にかかり、行灯に灯がともる頃また元湯を訪れる「おつかれさん」の声がする。

昭和三〇年代には、広島の被爆者七千人以上がこの温泉を訪れ、体調好転、食欲増進、火傷治癒の効果があったと報告がある。

家々の軒行灯には、町の下駄屋職人浅原才市の言葉が記されている。才市は、真に法悦の世界を知った妙好人、最高の仏者であると賞賛されている。六〇歳を過ぎてから信心の境地をメモし、それが残っている。

ええな　世界虚空が皆ほとけ　わしもそのなか　なむあみだぶつ

「何にも遊ぶ所がないが、お湯と刺身は日本一、またどうぞ」と宿の主人。「いやもう一つ、ここは日本一の癒しの湯ですよ」と私。

懐かしさと優しさと癒しを求める時、大森・温泉津の旅は最適かもしれない。

〔『明日の友』二〇〇四年一二月一五三号〕

■**龍源寺間歩**―島根県大田市大森町―☎0854・89・0347

NO.7

春を待つ妖精の国

アイルランド

三月半頃ロンドンの空港で、ダブリン行きの飛行機を待っていた。アナウンスは出発の二時間遅れを放送している。日本ではこんな時、不機嫌な顔をしながらイライラするに違いない。しかし、ここでは誰も文句を言い出しそうにない。イライラもしていない。「故郷に帰るんだよ。お祭りにね。遅れたって、今日はダブリン泊まりだよ」、よく聞き取れないが、そう言っているようだ。私はこの時すでにアイルランドの陽気な妖精達に取り囲まれ、少し酔い始めていたのかも知れない。

一七日は聖パトリックのお祭り。聖パトリックは五世紀、キリスト教を伝えた守護

聖人だ。

陽気な饒舌は、ダブリン到着後、市街地までのタクシーの中でも続いた。運転手さんは元船乗り、日本人と知ると、神戸・横浜を始めアジアの港町の話、そしてギネスビールとアイリッシュウイスキーの自慢。しゃべっている調子がそのまま長い詩を朗読するか、演説するかのようである。

町に高い建物はほとんどない。降っていた雨が上がった。光る石畳のゆるやかな坂、曲がりくねった道。見上げると、サンセットブルーの空に暮れなずむ教会の屋根。

翌日は初期キリスト教の聖地、グレンダーロッホにバスツアー。観光バスの運転手さんは前日のタクシーの運転手さん以上に明るくジョークを交え、片時もハンドルとマイクを離さず歴史を語り、お国自慢を語り続けている。訛りの強い英語は聞き取れず、どんな内容か詳細はわからないが、アイルランドが、幾度もの大きな苦難にあっても誇りを持って立ち上がり独立を果たし、北海道と同じほどの面積とほぼ同じ人口の国から、古くは、ガリバー旅行記で有名なジョナサン・スウィフト、近代ではウィリアム・バトラー・イェイツ、バーナード・ショウ、オスカー・ワイルド、ジェムス・

ジョイス、サミュエル・ベケット等を輩出した文学大国であることの誇りは伝わってくる。

山路をたどる窓の外、未だ枯れ草のヒースの丘、よちよち歩きの子羊と優しい目をした母羊のいくつもの群れ。そして黄色いハリエニシダの花を付けたブッシュが続く。隣国イギリスの童話、くまのプーさんが蜜を探して落っこちたのもこんな藪か。

> 三度ばかり、でんぐりがえしをうって、しなやかにハリエニシダの木のなかにすべりこみながら、プーはこうかんがえた。「やっぱり、ぼくが、あんまりミツがすきだから、いけないのさ。あ、いたッ！」プーは、ハリエニシダのあいだからはいだして、鼻からとげを払いおとすと、またかんがえはじめたんだ。
>
> （『クマのプーさん』石井桃子訳　岩波書店）

グレンダーロッホは、森の中にたたずむ初期教会の跡。石積みの古い教会が緑の森の中にいくつも建ち、周辺がウイックロウ森林公園になっている。針葉樹林の深い森の中を三時間ほどハイキング。ふかふかしたスギゴケ、枯れ木の下の澄んだ水、かわいい小人が小さな声で歌い出しそうな森である。

アイルランドの田舎では、道端に今でも「妖精に注意」と看板があるそうだ。信じられないが、本当だそうだ。そんな看板が立っていても不思議ではない道であった。

ダブリンの町に戻ると祭りの前夜。霧雨か、小糠雨か、濡れる春雨を楽しんでいるように街角にテーブルを出し、歌い踊りビールを酌み交わす。心と心が互いに共鳴を求めて、今ここに出会っていることを楽しむ。酒場の音楽はその誘いのように心の奥底に響いた。いたずら好きの妖精達に誘われるように、私は酔いしれた。

前夜の喧噪をそのまま引き継ぎながら、祭りが始まった。町は一面、シャムロックの緑。シャムロックは三つ葉のクローバーに似たこの国のシンボルで、聖パトリックが、王様にキリスト教の三位一体を説明するのに用いたそうだ。「三つの葉が分かれているように見えるけれど本当は一つの葉であるように、父（神）と子（イエス）と聖霊とは一つのもの」と。

祭りのパレードがやってきた。ブルーの瞳をした少女が、顔にシャムロックをペイントしてにっこりほほえむ。

『風と共に去りぬ』の主人公スカーレット・オハラもアイリッシュブルーの大きな目。オハラはアイルランドの名前。すべてを失った彼女は昂然と最後に言う。「タラへ帰ろう」タラはアイルランドの聖地。オハラのこの言葉には強い望郷の念が込められている。

三月の聖パトリックデー（アイルランドの祝日）はニューヨークでも、東京原宿でも、世界中の多くの町が、シャムロックの緑であふれかえる。人々はエメラルドの島アイルランドの緑に帰郷の思いを重ね、新たなる旅立ちに聖霊の宿りを求め、春を迎える。

翌日から、ダブリン城のすぐ脇にあるチェスター・ビーティー・ライブラリー（ＣＢＬ）で日本古典籍の調査に参加した。鉱山経営者として成功したアルフレッド・チェスター・ビーティー卿の収集になるもの。日本のものでは、八〇点を越す奈良絵本や浮世絵・絵巻の収蔵で知られている。ＣＢＬの日本文化紹介にもっとも功労のあったのは、一九七一年以来、学芸員として整理・修復に当たった潮《うしお》田《だ》淑子《よしこ》氏である。二〇〇七年春には、日本とアイルランドの交流に寄与されたことで旭日双光章を授与されている。

「主人がこちらの大学に来ましたのでついて来ましたんですよ。ここのお手伝いしてから三〇年以上になりますね」

「ご苦労も多かったでしょうね」と私。

「いえいえ。この国には神様に近いような人がたくさんいらっしゃるんですよ。私が病気になった時にもそれは熱心においのりしてくださいましたのよ。そしてアイルランドの方は、みんな日本人が大好きなんですよ」

帰路の飛行機がまた遅れた。私は優しく陽気な妖精が時間を引き延ばしているような気がしてならなかった。

この国には、妖精達のいのりが飛び交っている。

〔『明日の友』二〇〇九年二月一七八号〕

第2章

自由への旅路

NO.8

「英雄の街」のクリスマス

ドイツ

以前はちょっと風邪気味かなと思うと、卵酒を飲んで早めに寝ることにしていたが、グリューワインの味を知ってからは、このワインを飲んでぐっすり眠る。コレステロール、痛風が気になってからはなおさらである。

グリューワインはちょっと甘めのホットワイン。通信販売でも簡単に手に入るが、この

味を知ったのはドイツのクリスマスマーケットである。

クリスマスの約一カ月前、ドイツの至るところでクリスマスマーケットが始まる。ドイツの冬の訪れは早い。一一月の初めには、昼過ぎになるとどんよりした雲が空を覆い、薄暗くなる。気分まで沈鬱な状態になりかねない。

そんな折、広場に忽然という感じで、ホカホカの大きなソーセージやポテト、灯をともすと甘い香りのする蜂蜜ろうそく、錫や藁でできたオーナメント（飾り物）、木工人形等の屋台が所狭しと並ぶ。さらに観覧車やステージ、メリーゴーラウンド、降誕劇の馬小屋等が出現する。

まるで一夜にして生まれたようである。主役はグリューワイン。

一一月末、ベルリンから特急で約二時間、ドイツ東部のライプツィヒを訪れた。中央駅は随所に彫刻が飾られ、大きな博物館のようである。折しも鼓笛隊と吹奏楽がクリスマスイベントの開催を告げて構内に鳴り響いている。

ライプツィヒの名は、「リプツィ」（菩提樹）の名に由来する。菩提樹の下、石畳の道を南に進むと、ニコライ教会が見える。

平成元年（一九八九）一〇月九日月曜日、この教会で、自由を求めた二〇〇〇人の集会があった。人々はろうそくを持ち「我々こそ民衆である」とシュプレヒコールを繰り返し、六〇〇人の警察官と対峙した。混乱の中、「マタイによる福音書」第五章冒頭の説教が始まり、群衆は静まりかえった。


イエスはこの群衆を見て、山に登られた。腰を下ろされると、弟子たちが近くに寄って来た。そこでイエスは口を開き、教えられた。

「心の貧しい人々は、幸いである、天の国はその人たちのものである（中略）

平和を実現する人々は、幸いである、その人たちは神の子と呼ばれる。

義のために迫害される人々は、幸いである、天の国はその人たちのものである。

わたしのためにののしられ、迫害され、身に覚えのないことであらゆる悪口《あっこう》を浴びせられるとき、あなたがたは幸いである。（後略）」

みことばが弾圧の側と解放を求める民衆の心を一つにした。デモは七万人にふくれあがり、民主化の波は東ドイツ全体に広がり、一カ月後の一一月九日夜、ベルリンの壁が崩壊したのである。

ライプツィヒのいのりが自由を呼んだ。かつてはナポレオンがこの町で、戦いに敗れ撤退、帝位を廃された。この時には約一〇万人の血が自由のために流された。以来人々はこの町を英雄の街と呼ぶ。

ニコライ教会から、一五五七年にできたルネッサンス様式の旧市庁舎の前のマルクト広場に出る。人々のさざめくような笑い声に包まれ、ゆったりグリューワインを飲むと、ほのかに甘く自由が香った。

この町は今、最先端技術の国際見本市の街として知られるが、これは一一六五年以来のいわゆる〈楽市楽座〉の伝統がつちかったもの。その名残の通り抜け式商館を出ると、現存する世界最古のカフェ・レストラン「カフェバウム」。大学生が話し込んでいた。

旧市庁舎の裏手からアーケード街に向かい、地下にあるという酒場「アウアーバッハス・ケラー」を探したが、祭り気分の人波に押されてなかなか見つからない。まったく通じないドイツ語で道を尋ねると、小太りのおばあさんが私達夫婦の手を引いて酒場に案内してくれた。ここは、勤勉な学者ファウストを、伝説の悪魔メフィスト・フェレスが誘惑した場所。「何をおいても、わたしはあなたを陽気な連中の所へお連れしなくちゃなりません。どんなに気楽に暮らせるかってことが、わかるようにね。連中にとっては毎日が祭日なんですよ」(ゲーテ『ファウスト』第一部)と言うメフィスト・フェレスの台詞が聞こえるようなにぎやかなランチであった。

肉の付け合わせに出たじゃが芋のだんごはお餅そっくりの口当たり。その味とおばあさんの親切が忘れられない。

広場に戻るように歩くと、トーマス教会が見える。この教会で、バッハは二七年間に亘って音楽監督をつとめた。訪れた折りにも一八メートルもあるという天井に聖歌隊の声が響き渡っていた。バッハの墓が教会の主祭壇の前にあり、博物館が教会の真ん前にある。

この街には、音楽の歴史が深く根を張っている。バッハ再評価にも深く関わったメンデルスゾーンは、ここにドイツ最初の音楽院を創設した。またシューマンが活躍し、ワーグナーがこの街で生まれている。滝廉太郎も学び、グレゴリオ聖歌から「荒城の月」はヒントを得た。森鴎外も師、ベルツ先生にここで出会い、『日記』に「明治十七年十二月十七日　ベルツ氏に招かれて酒店に晩餐す」と記した。鴎外二三歳、クリスマスマーケットのことは記されていないが、彼も広場を歩いたに違いない。

〔『明日の友』二〇〇五年一二月一五九号〕

NO.9

言葉の力にふれる旅

東京

クリスマスには思い出が詰まっている。幼い日は、贈り物をそっと枕元に置いてくれた亡き父の面影と重なる。胸をときめかせながら愛する人との出会いの場所へ急いだことも、悲しいいのりの時もあった。息子達とにぎやかにケーキを囲んだことも昨日のように思い出す。その子供達も独立した。

どんなクリスマスを送ろうかと考えていた時、詩人八木重吉のことを思い出した。

心よ

こころよ

では　いっておいで
しかし
また　もどっておいでね
やっぱり
ここが　いいのだに
こころよ
では　行っておいで（『秋の瞳』）

勇気づけられたのとも違う。頑張れと激励されたのとも違う。もちろん、逃げなさい等とも言ってはいない。この詩は私の心をいつも静かにしてくれた。その静けさをしばらく閉じこめていたようだ。置き忘れた静けさを少し取り戻したいような気がして、八木重吉の心の故郷を訪ねた。

ふるさとの　山をおもへば
聖者のごとく
ふるさとの　川をおもへば
はつこひのひとみのごとく
ふるさとの　空のたかくに
しづかなる　鐘なるごとし
ふるさとの　かの山の
かの木のかげに
かすかなれど
わすれたるものあるここち（『詩稿　逝春賦』）

彼が生まれたのは、明治三一年（一八九八）、東京府南多摩郡堺村相原大戸、現在の東京都町田市相原町である。昭和五九年（一九八四）、重吉の生家の土蔵を改築して建てられた八木重吉記念館には、びっしり書き込みのある愛用の聖書や自筆の詩稿、病床ノート、絵画、書簡等の遺品が、重吉の甥に当たる八木藤雄氏の手によって丁寧に保存されている。記念館の手前の大きな欅の木の下に丸い詩碑がある。

素朴な琴

このあかるさのなかへ
ひとつの素朴な琴をおけば
秋の美しさに耐へかねて
琴はしづかに
鳴りいだすだらう

「草野心平さんがこの詩碑を見て丸いなあ。まるで重吉の顔を見ているようだなと言ったのを思い出しますよ」と藤雄氏。

重吉の妻、とみ子は「この詩は私が選ばせていただいたが、重吉の愛した故郷の澄みきった天地、空間のなかに、これがもっともふさわしいと信じたからです」と、回想記『琴は静かに　八木重吉の妻として』でふれている。

記念館の前の町田街道のバス停大戸橋のすぐ脇に、八木重吉・とみ子・長女桃子・

長男陽二の墓がある。重吉が亡くなったのは、昭和二年（一九二七）一〇月二六日、二九歳であった。彼の死後一〇年に桃子が一四歳、一三年後に陽二が一五歳で亡くなった。父と同じ結核である。

重吉の没後、とみ子は、八木重吉の原稿を携えて、昭和二二年に歌人吉野秀雄のもとに嫁いだ。重吉が死んだ時に二二歳であったとみ子夫人はこの時、四二歳であった。吉野秀雄は現代の万葉歌人と讃えられた大きなスケールの歌人である。吉野は妻の前の夫の詩に傾倒し、重吉の詩集刊行に尽力した。

私は学生時代、先輩と鎌倉の吉野家を訪れたことがある。古ぼけた籐のバスケットの中から、詩稿を取り出したとみ子夫人が「空襲の時もこれだけは離しませんでしたよ。この詩も吉野のおかげで日の目を見ましたよ」と何度も繰り返していたのを思い出す。

「重吉叔父さんの二五周忌でした。とみ子叔母さんと吉野先生が揃ってこの墓にいらっしゃいました。その時の歌です」

重吉の妻なりしいまのわが妻よ
ためらはずその墓に手を置け
われのなき後ならめども妻死なば
骨分けてここにも埋めやりたし

藤雄氏の張りのある声が気高い愛の交差を呼ぶように響く。とみ子がこの墓所に入ったのは、平成一一年（一九九九）、九四歳の時であった。

帰路、町田駅から数分、新しくできた「町田市民文学館ことばらんど」に立ち寄った。この町に住んだ遠藤周作の遺品の一部が市に寄贈されたのをきっかけに造られたそうだ。遠藤周作のフランス留学時代の愛読書やノート、原稿等も収められている。「保存も大事ですが、市民のみんなに使ってもらい、文化活動の拠点にしたいと思います」と館長の説明。

平成一八年（二〇〇六）の直木賞は都市化の波に変貌する町田を舞台に現代の優しさを描いた作品、若い女性作家三浦しをんさんの『まほろ駅前多田便利軒』であった。

二階の展示には町田ゆかりの文学者（もちろん八木重吉の展示もある）の展示と一緒にこの作品の文学地図がある。「ことばらんど」の命名は市民募集の命名で、小学生の少女によるものだという。言葉の優しさに親しみのわく小さな文学館である。

文学館から五分ほど坂を下ると、世界でもほとんど例を見ないのではないかと思われるユニークな国際版画美術館がある。この美術館も深い森の芹ヶ谷《せりがや》公園に囲まれているが、この他、町田には、ダリア園、かたかごの森、リス園等多摩丘陵の自然を残す公園が各所にある。

中でもユニークなのは町田ぼたん園を有する市立民権の森公園である。町田は、土佐の高知等と並んで、明治一〇年代頃の自由民権運動の拠点であった。その指導者の石坂昌孝の居宅跡がこの公園である。公園の奥まった一画に「自由民権の碑　透谷・美那子出会いの地」と刻まれた碑がある。美那子は石坂の長女、透谷《とうこく》はキリスト教詩人として著名な北村透谷。彼等はここで出会い、透谷をして「全生命を賭けた恋愛」と言わしめた激しくもはかない愛を成就させた。

大正七年（一九一八）、八木重吉二〇歳の時に、未亡人となった美那子を訪ねている。

重吉は透谷を「第一の詩人」と激賞し、透谷から自由民権そしてキリスト教への影響を強く受けたのである。重吉の「素朴な琴」も、透谷の「無弦の大琴懸けて宇宙の中央にあり……」の一文の影響を受けたものであろう。

公園から鎌倉街道に出て鶴川駅方面に向かうと、自由民権資料館がある。「自由」の意味をもう一度我々が真摯に問う時が来ていることをこの館は教えてくれる。この地の自由への思いが八木重吉や北村透谷を育てていたのである。

ロマンスカーで新宿まで二〇分、快適な旅の終わりを予定していたが、遠回りして藤沢に出て、重吉にとって最後の地となった茅ヶ崎に寄った。

夕日に急かされるように海に向かって歩く。重吉が結核療養にあたり、さらには、重吉没後にとみ子夫人が事務員としてつとめた南湖院、現在は老人ホーム太陽の郷(当時)を訪ねた。工事中で古い建物はほとんど残っていなかったが、事務室の建物はそのまま、裏は松林、国道一三四号のスピードを上げる車の音にかき消されながらも波の音がした。

あの浪の音はいいなあ
浜へ行きたいなあ（『病床ノート』）

茅ヶ崎駅までの途中、高砂緑地に昨年できた重吉の詩碑がある。

蟲

蟲が鳴いてる
いま　ないておかなければ
もう駄目だというふうに鳴いてる
しぜんと
涙をさそわれる

駅前の居酒屋で相模湾でとれたてのしらすを肴にビールを飲んだ。なんだか長い間の心のほころびが一つ縫い合わさったように思う。重吉とともにいのりながら落ち着いた寂しさの中で少し酔った。

今年のクリスマスの夜は八木重吉の詩をゆっくり読もうと思う。

〔『明日の友』二〇〇六年一二月一六五号〕

追記…矍鑠《かくしゃく》と、きっちりとネクタイを締め説明して下さる姿からは八木家の誠実さが伝わった。八木藤雄氏は、二〇一七年一月に、九二歳でお亡くなりになった。御冥福をおいのりします。

■八木重吉記念館（要予約）―町田市相原町4473―☎042・783・1877

■町田市民文学館ことばらんど―町田市原町田4・16・17―☎042・739・3420

NO.10

黒潮のめぐみの島へ
八丈島

東京

別名「春告魚」、トビウオ。八丈島の人々は「春飛び」と呼んでいる。

冬の間、全島の至る所で赤いじゅうたんを敷き詰めたように咲いていたキダチアロエの花が消え、二月の末頃から、八丈島の沖では、産卵のためにやって来るまるまると太った「春飛び」の漁が盛んになる。

春が飛んでやって来るめでたい魚として昔から珍重され、いい出汁が出る。ほろにがい島の風味、あしたばの旬もこの頃だ。

この季節にはフリージアが真っ盛りである。東京の駅構内で、黄八丈を着た島の娘さん達が観光案内を兼ねてフリージアを配るのもこの頃。八丈島観光のキャッチフレーズは「花と緑と温泉の島」。島には山の中にも海沿いにも温泉がある。

島の娘を八丈島でメナラベと言うが、メナラベには黄八丈とフリージア（浅黄水仙）が実によく似合う。江戸時代の文献は、メナラベを髪の長い色の白い美しい女性として紹介しているが、その伝統は今も続いているのかもしれない。

椿の蔭をんな音なく来りけり
白き布団を乾しにけるかも

アララギ派の歌人島木赤彦の代表的歌集『切火《きりび》』中もっとも評価の高い一首である。大正三年（一九一四）、赤彦は精神的苦悩のただ中で八丈に癒しを求めてやって来た。ゴーギャンのタヒチの女性に感じた優しさを、赤彦は八丈島で感じたのである。

赤彦は手紙に「赤黄樺の機《はた》を織り候その娘島の女らしく優しく心柔らかにて一寸小生の心引き候……夜すし作りくれ酒の酌してくれ候故こんな嬉しき夕飯何年振りかと

思ひつき急にうれしく泣き申し候」と記している。

黄八丈を織る女性が用意したすしは島寿司（ベッコウ寿司）、酒は島焼酎であろうか。因みに機を織るのは若い女性。かなり強い力を要するために若い力が必要だそうだ。

江戸時代、黄八丈は品質の良さから租税対象となり、「御上御用の黄八丈」の立札を先頭に江戸城に運ばれた。始め大名家や大奥等限られた上流階級のものであった黄八丈が、町娘達の憧れの極上ブランド品になったのは、長い年月変色せず、洗えば洗うほど色の冴えを見せるという材質による。そして、さらに当時の人気役者が演じた「八百屋お七」・「白子屋おくま」が、鮮やかな山吹色の黄八丈を着用して熱狂的な喝采を浴びたからだ。

お七・おくま。法の下では放火・密通・殺人未遂を犯した悪女。しかし、封建制度の中でがんじがらめになった江戸の人々は悪女の所業の中に、何者をもよせ付けないような凄惨な恋のひたむきさを見たのであろう。黄八丈には凛とした美しさと、情け島と呼ばれる八丈島の魅惑が息づいている。

八丈島では、流人のことを、「クンヌ」と呼んだ。国人、または国奴の字をあてる。

内地人といった意味なのであろうが、この言葉には、「君子はその罪をにくんで、その人をにくまず」といった心が込められているような気がする。八丈の人々は流人を隣り人として迎え入れた。

クンヌの中にはもちろん極悪非道の人物もいたし、島の生活になじめずに島抜けをくわだてる者もいた。しかし、一方で島の女性と結ばれ新たな人生を踏み出す者も多くいた。

クンヌの最初は宇喜多秀家《うきたひでいえ》。秀吉の信任あつく、朝鮮出兵の際の総帥となり、関ヶ原の戦では、西軍の大将であった人物。徳川家康の命によって八丈に配流されたのである。その後も政治犯や、不受不施派の僧侶を始めとする宗教犯、さらに画家・俳人・技術者・学者等の教養人もクンヌであった。時代に合わせられない反体制の人物が多かったと言うこともできるであろう。

クンヌが八丈島に文化をもたらした。その代表的人物が近藤富蔵である。富蔵は、北方探検で著名な近藤重蔵の息子で、隣家との諍いで惨殺事件を引き起こし流刑された。文政一〇年（一八二七）、二三歳の時であった。

彼の生涯をかけた全六九巻にも及ぶ『八丈実記《じっき》』は柳田国男が絶賛した民俗学研究の基本文献、島の百科事典である。それは彼自身のいのりにも似た記録である。

小林秀雄は「一年に数回しか船の往来のない孤島で、人々が、自然と直面して一所懸命な生活をしてゐる、その有様に、汲めども尽きぬ人生の真相があると感じたやうだ。これを綿密に観察し、誰に読ます当てもなく、これを忠実に記録して、決して己れを語らない。それが彼の仏道となった」と記している。

読まれるあてのない記録をひたすら富蔵は書き続けた。富蔵の次の歌には書くことへの思いが込められている。

もう言はじ書かじと思ひ思へども
またあやなくもしめす水茎

明治一一年（一八七八）東京府警視庁は富蔵に清書・上納を命じた。この時『八丈実記』は初めて日の目を見たのである。富蔵は明治一三年（一八八〇）七六歳の時罪を許され本土に戻る。彼は五〇年以上も前に愛しあった初恋の人のおもかげを探しに大阪へ行ったりする。懐しの本土は彼を迎え入れなかった。彼は再び八丈島に戻り、明治二〇年（一八八七）八三歳で没した。八丈の人々の彼への顕彰の思いは深い。

墓前に香華の絶えることはない。「クンヌ」と共に、この島に強い影響を与えたのは黒潮である。海のハイウエイとも呼ばれ、最大時速五ノット（時速約九・二キロ）を超え、八丈沖では七ノットにもなるという。競歩のような速さであると考えればいい。最大幅一〇〇キロ、深さ一キロにも及ぶこともある。海の上を黒く澄んだ川、「黒瀬川」が流れているのである。

南からの文化や風俗、そして八丈の名産品の多くが黒潮の贈り物である。トビウオ・フェニックス・緑の南風。伊能忠敬は、日本全図の中で八丈島を彩色して描いているが、この地図は他のどの地よりも緑鮮やかである。

くさやを漬け込む魚醤は、東南アジアの味がする。琉球の黒麹菌、薩摩の芋が島酒（焼酎）を育てた。歴史民俗資料館で見た洋装のマントを着た羅漢像も南からの漂着に違いない。

御蔵島《みくら》や三宅島から八丈島は眼の前。しかし黒瀬川が難所になった。江戸からの流人船は容易にこの急流を渡ることができなかった。何日も船止めとなり、強行しては犠牲者も出た。望郷の思いを黒潮は遮断した。黒潮は絶望を彼らに言い渡したのだろうか。違う。黒潮は彼らに「再生」の決断を促したのである。

現在でも船は黒潮を横切る時大きく揺れるそうだ。今回は羽田から約五〇分で八丈島に着いた。だが次の機会には船で行きたい。

黒潮の上で朝焼けにキラキラ光る「春飛び」に出会えるかもしれない。

それは「望郷」への思いから、再生へのいのりを託された幸運のトビウオだ。

〔『明日の友』二〇〇五年四月一五五号〕

富山

NO.11

懐深き越中の里 井《い》波《なみ》 城端《じょうはな》 五箇山《ごかやま》

自動車を使えば、そんなこともないのであろうが、私のように運転免許もなく、電車やバスを乗り継いで行く者にとって、井波、城端、五箇山は幹線からはずれた不便な所である。しかし、不便な旅は大切な思い出を残してくれる。

井波までは、北陸線の高岡で城端線に乗り換え砺波《となみ》で下車、砺波からはバスで一五分。車窓からまず驚かされることは、一軒一軒の家の大きさである。そしてその家を取り囲むように、防風林となり、夏には涼を呼ぶ屋敷林がある。鎮守の森が散在しているような感じがする。散居村《さんきょそん》と呼ばれている美しい集落である。住まいの豊かな美

しさは、井波ばかりではない。世界遺産へも登録された五箇村の合掌造りの集落や、城端の町にも言い得ることである。木造建築の美しさがこれほど生活の中に息づいている地域は、日本はもとより世界でも有数なのではあるまいか。かつて私は、古い木造建築で有名なチュービンゲン等南ドイツの都市を見て回ったが、それらにも比肩する地域だ。

井波は木彫の町である。二〇〇〇年の歴史を持ち、日本家屋の欄間を始め、獅子頭や神棚の細工が井波彫刻の技の結晶である。町は木の香りがあふれ、彫刻店、木工細工の工房が軒を並べ、約三〇〇人の彫刻師が活躍し、日展作家も八〇名を越える。また、全国で唯一の木彫刻のみの井波木彫刻工芸高等職業訓練校がある。匠の伝統と心は、今もしっかりと根を下ろして引き継がれている。

その象徴ともいうべき寺が一三九〇年の開基以来、六〇〇年を超す名刹瑞泉寺《めいさつずいせんじ》である。寺域一万坪、建坪約二〇〇〇坪、北陸最大の木造建築物である。勅使門脇の獅子の子落とし、山門正面の竜、太子堂等随所に井波彫刻の粋が集められている。すべてこの地の大工・彫刻師の手によるもの。

ここは一六世紀後半、蓮如上人の教えに導かれた一向宗集団が、加越能一七〇余寺に号令を発した、一向一揆の発信源、「越中の府」である。核となった職人の魂のよりどころは、浄土への思いと地域の自立を叫ぶ信仰である。一つ一つの彫刻にはその思いが込められていると言ってもいい。

城端は井波の隣町、城端線の終着駅である。城端は、善徳寺の門前町として栄えた町である。善徳寺も、蓮如上人ゆかりの一向宗の寺。宝物館には、上人の一代記の絵巻がある。一代記のあるのは福井県の吉崎御坊とここだけというのが寺の説明である。年に一度、七月の虫干しの日には、蓮如の生涯をたどる絵解きが一週間かけて行われる。始めから最後まで一週間泊まり込みで聞きに来る人も多いという。

金沢の私の友人は、蓮如上人のことを話題にすると、親しみを込め、「れんにょさん」と呼ぶ。一向一揆、延暦寺や戦国大名との血みどろの戦い、波瀾万丈のイメージに重なる蓮如が、北陸では慈愛に満ちた母のごとくに「れんにょさん」と呼ばれている。

蓮如の最大の魅力は、弱者への視点である。殊に当時弱い立場にあった女性救済への視点は強烈である。彼は、多くの知識を持った学僧よりも女性の方が救われるのだという。それは、女性は男子に生まれ変わることによって救われる〈変成男子〉と説いた親鸞の教えを越えるものである。女性は女性であることで救われるのだという。漁師にも、猟師にも、殺生を戒める等ということは微塵も言わない。あるがままに懸命に自らの仕事をせよ、そうすれば救われるのだと言う。民衆と同じ地平でものを見、共に歩く蓮如の姿勢が人々をひき付けたに違いない。蓮如を「聖俗具有の人間像」として描いた小説家、五木寛之は語る。

以前、実弟がガンで亡くなったことがありました。引揚げに続くさまざまな時代を一緒に生きてきた兄弟の一人です。私にとっては片腕のような存在でした。その弟が急死したあと、告別の式を終えて自宅へたどりついたとき、不意に激しい感情の発作がおそってきました。自分にはまだこんな涙が残っていたのかと不思議に思えるほどでした。

そんな場面で、静かにはげましてくれるのが親鸞の声です。「彼は光に包まれて浄土へ迎えられたのだ。そのことを思い出そうではないか」と。

そうなのだ、と、考えます。力強くはげまされるところがある。しかし、やはり涙はとまりません。そういう時に蓮如の声もきこえてきます。「泣け、泣け。人の世ははかないものだ。わたしも悲しい。しかし泣くだけ泣いたら、そのあとで光が見えてくるだろう……」

（『蓮如』岩波新書）

蓮如は共に泣いてくれる宗教者である。涙を拭くのではなく、一緒に泣いてくれるのである。約三〇〇年の間、善徳寺は火災にあっていない。山門も本堂もほとんど修復されることなく昔のままである。人々の悲しみや喜びを変わることなく受け止めてきた仏の館である。蓮如の豊かな大きな包容力をこの寺は抱きもっているようだ。私は今度の旅で、自分の涙を包み込む場所を探し当てたような気がした。

城端はまた、江戸情緒を色濃く残し、端唄《はうた》の聞こえる町でもある。織物の盛んだったこの町は、江戸との往来も多く、問屋の旦那衆が持ち帰った端唄が曳山と共に祭りとして残っている。祭りの夜には、しじまの中に豪華な曳山が町を練り歩き、三味線の音と端唄が静かに聞こえる。

城端から長いトンネルを抜けると五箇山である。トンネルができ、便利にはなったが、やはりここは秘境である。三味線に変わって哀愁を帯びたささらの音色と共に筑子《こきりこ》の歌が聞こえる。

筑子は、日本を代表する古代歌謡である。古代から田楽として豊穣をいのり、歌い継がれてきたものである。ささらは煩悩を払拭するという一〇八枚の薄い板を合わせたもの。

踊りたか踊れ　泣く子をいくせ
ささらは窓の許にある

踊りたければ踊れ、泣く子をよこしなさい、窓の側にあるささらをもって。素朴な歌詞は自然と一体化し、蓮如の懐を思わせる。この地もまた蓮如の高弟、赤尾道宗ゆかりの地である。山合には浄土へのいのりがあった。

折にふれ「もったいない」と手を合わせる人々。生きていることの感謝と祖先への敬慕が、天空に手を合わすが如き合掌造りにつながる。釘を一本も使わずに風雪に耐える柔軟な構造は、人々の生き様そのままである。
合掌造りの民宿の主人と山菜と豆腐を肴に酒をゆったり飲み、流刑された遊女お小夜がここで寺子屋の師匠として迎えられたという話を聞き、夜ふけて酔いさましに外に出た。冷気の中、「ようござった。ようござった」と五箇山の月が青く澄んでいた。

〔『明日の友』二〇〇五年八月一五七号〕

■瑞泉寺—富山県南砺市井波3050—☎0763・82・0004
■五箇山総合案内所—富山県南栃市上梨754—☎0763・66・2468

NO.12

民権ばあさん 土佐のはちきん

最近では希な気骨のあるちょっと頑固な高知の友人に「いごっそうとは君のような男を言うんだろうね」と言うと、にやりと笑って「母がはちきんだからね」と言う。「はちきん?」と私。

手元の辞書にこの言葉はない。方言辞典には、高知で元気な女性を言うとあって、八百屋町の金助の略、八金等の字をあてている。語源にも定説はないようだ。どうもよくわからない。

初鰹には早いが、はちきんを訪ねて高知に行くことにした。

高知龍馬空港。ケネディ空港等人物の名前を付けた空港はあるが、日本ではここだ

けか。龍馬は誰からも愛されている。
特に若者のファンが多い。このことは、坂本龍馬記念館の何冊もの来館者ノートを見ればよくわかる。記念館のある桂浜に、龍馬の像がある。像は有力者や金持ちが建てたのではない。貧乏な学生が金を集めて建てたという。若者達は日の出の太平洋に向かって立つ龍馬に自由の夢を見たのである。

　龍馬は「鼻たれの泣き虫」とからかわれ、いじめにあい、塾もすぐにやめる気弱な少年であった。その彼をかばったのが、三歳年上の乙女姉さんである。乙女は武術・学問を好み、成人した頃五尺八寸（約一七六センチ）三〇貫（約一一二・五キロ）、「お仁王さん」と呼ばれた。なんともでかい。

　龍馬の手紙は乙女にあてたものを含め一三九通残っている。「日本を今一度洗濯いたし」とまた「万物の時を得るをよろこび」と、すべての人の幸福と平等を願い、新しい時代の到来を願った龍馬の心情はすべてこれらの手紙に込められている。離婚後乙女は、弟と同じく脱藩を願い、旅に出ることを望んだ。それは果たされなかったが、彼女の夢は新たな時代とともに、龍馬によって実現された。龍馬は男勝りの乙女の大きな包容力と激励に支えられたのである。

土佐の人は言う。乙女ははちきんの第一と。

龍馬の思いは土佐の人々の中で育てられた。自由民権運動もその一つであろう。板垣退助・東洋のルソー中江兆民、そしてもっとも早く龍馬を小説『汗血千里駒《かんけつせんりのこま》』で紹介した坂崎紫瀾《しらん》の名も浮かぶ。その挿絵に描かれた龍馬は、龍馬の生前を知る人のイメージが託されているような気がする。

門前に「自由は土佐の山間より」と記された高知市立自由民権記念館には、植木枝《え》盛《もり》の民権数え歌が聞こえる。

一ツトセ、人の上には人ぞなき権利にかわりがないからはコノ人じゃもの
二ツトセ、二つとない我が命すてしも自由のためならばコノいとやせぬ……
六ツトセ、昔おもえば亜米利加の独立なしたるむしろ旗コノいさましや（後略）

植木が起草した『東洋大日本国国憲按』（明治一四年 一八八一）は、基本的人権、万民の平等、思想、学問、結社の自由を高らかに宣言した。この時枝盛二四歳。改憲論

議にゆれる現日本国憲法とこの草案は驚くほどよく似ている。新憲法が外国からの押し付けの憲法であった等と軽率に言うことは自戒せねばならない。土佐の憲法草案が「日本国憲法」の製作過程において大きい影響を与えたことを忘れてはならない。そして、民権活動家にキリスト者の多かったことも。「真理は汝らを自由にする」という聖書の一節が彼等の心底にあったこともたしかであろう。

日本の婦人参政権史上特筆すべき民権ばあさんこと楠瀬喜多《くすのせきた》、土陽《どよう》新聞で婦人解放を説いた吉松ますを始めとした女性達の参加も忘れてはならない。明治二三年（一八九〇）九月の土陽新聞には、自由の旗を持ち、国会議事堂を掲げる女性の挿絵がある。

はちきんは、自由の風とともに走った。男性評論家と対峙して論陣を張った小山いと子、運命に抗って不条理と戦う女性を描いた大原富枝、そして土佐の女の生活をいきいきと描ききる宮尾登美子等、高知県立文学館には、はちきん文学者の群像がある。

高知市は、日照時間・雨量共に全国でも上位。たっぷりの雨と南国の太陽を受けた森と清らかな水流が土佐の和紙を育てた。

いの町までは市街から四〇分、日本で二番目に長い路線の路面電車で行く。懐かしさに心もおどる。五月、いの町紙の博物館の前を流れる仁淀川では、紙の鯉のぼりが水の中を泳ぐ。土佐紙は「育つ」と言い、最上の典具紙《てんぐし》は、森の姫にたとえられ、白く薄く、そして強く美しい。はちきんの美しさは、森の姫にも似ている。

森に囲まれ自然と一体の高知県立牧野植物園。新緑にツツジが赤く燃え、スミレの花咲く四月、山道を登るのもいい。愛妻家富太郎は笹の新種に、亡き妻、寿衛子を思い「スエコザサ」と名を付けた。そんな話を思い出す。

はちきんの声を聞きに、日曜市に行った。市は三〇〇年以上も前から続いている。出店は約六〇〇軒、高知城より東に一キロ以上続く。新鮮な果物・野菜、たぬきの油等といった珍しいものまである。人波の中で活気のある女性達の売り声が響く。

梅雨に入る少し前、ここの主役は楊梅《やまもも》である。よく熟れた大きな実はたっぷりと汁気を含み、一種の香気があり、甘い。朝採った実は夕方には腐りかけるという。冷蔵庫も役に立たない。自己主張をこれほど持った果物は他にあるまい。楊梅は赤いはちきんの実である。

帰路、空港で鰹のたたきを食べながら、はちきんの語源を考えた。はちきんは、はちきれるの転ではあるまいか。年齢とは無関係に、身も心も若さではちきれるような女性の魅力であるまいかと。私の専門の江戸文学でいえば、きゃんに近い。勇み肌、おきゃんな娘等とも言う。漢字では、太っ腹な親分肌、任侠の「侠」をあてる。土佐は自由と平和を求める女性達のいのりが飛躍する町だ。

〔『明日の友』二〇〇四年四月一四九号〕

■高知県立坂本龍馬記念館—高知市浦戸城山830—☎088・841・0001

■高知市立自由民権記念館—高知市桟橋通4・14・3—☎088・831・3336

NO.13

韓の心に和を盛って

佐賀

私は展示室で声が出ない。有田町、九州陶磁文化館第五展示室。古伊万里、柿右衛門を中心とした有田陶磁器柴田夫妻コレクションである。収蔵数は約一万点、その内の約一〇〇〇点が常設されている。

「柴田さんがいらっしゃったのは十数年前ですね。突然の申し出で、館も半信半疑だったようです。それが東京から徹夜でご自身で運転され、運ばれたのですよ。質素な生活だったようです。昭和一五年のお生まれですからまだお若かったですよね。奥様の協力に感謝されていらっしゃいました」

寄贈当時の思い出を語る学芸員の話の中でも、私は柴田夫妻の情熱の在処がどこに

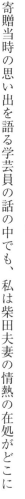

あるのかを考えていた。もとより財力や収集癖等と単純に呼べるものではない。このコレクションによって有田陶磁史の多くが解明された。学問への貢献も計り知れない。情熱への原点は磁器の魅惑と有田の歴史への深い愛情であったに違いない。

有田は誇り高き町であった。江戸時代、長崎から輸出されたこの地の「器」がヨーロッパの王侯貴族の食卓を魅了したのである。有田からの積出港、伊万里の名を冠して古伊万里とも呼ばれた。その数は当時内戦で生産力を失っていた中国の景徳鎮《けいとくちん》の輸出量をはるかに超えた。

同館では、ドイツの古城の磁器室が再現され、輸出用の古伊万里様式の品々が展示されている。磁器特有の澄んだ音とともに、貴族達の食前のさざめきが聞こえてくるようだ。

昨今小学校からの英語教育が話題だが、有田では、明治二一年（一八八八）高等小学校に英語科が設置されている。また戦前昭和一〇年代初めには完全給食制度が整備されている。共働きの多かったことへの要請もあろうが、後継者である子供達への教育を大切にしたのである。

後に屈指の磁器生産地となったドイツのマイセンが自国生産開発に着手したのは一七一〇年代。日本では一七世紀初頭、秀吉の朝鮮半島への侵略に参戦した大名が、帰国の折りに焼き物技術者と家族を連行した。その人達を中心に有田陶磁器の技術は生まれたのである。隣国への侵略という大きな罪を犯したことが、陶磁史を塗りかえる結果につながったのは確かだ。

町の中ほどに陶山神社がある。鳥居は白磁に淡いブルーの唐草模様。祭神の一人が有田陶磁器の中心的存在李参平《りさんぺい》。

若い宮司に会った。そしてつまらぬことを聞いてしまった。「韓国の人を神社の祭り神にするのは少し奇妙ですね」と。

答えは明快であった。「この町でもっとも尊敬された恩人を祭るのは当然ですよ。五月の陶祖祭には、韓国はもちろん、ドイツのマイセン、中国の景徳鎮からもお参りに来ますよ。世界の焼き物の神様ですね」

神社後方の急な坂を登り、眼下に町を見下ろす頂に、大正六年（一九一七）建立の李参平の記念碑が建っている。ここにも、韓国と有田の人々の強い絆が見える。

町並みに戻る。有田は平成三年（一九九一）に重要保存地区に選定されているが、おそらく他の町の保存地区とはかなり異なっている。有田の町並みはバラバラである。一定の形式や時代に統一されていないのだ。江戸、明治、大正の町家・アールデコ風洋風建築・アメリカ風和洋折衷・重厚な黒漆喰・なまこ壁・武家屋敷風・豪商風の家あり、といった具合。陶器店の店先も、安価なものから高価なものまで色とりどり、思わず「ナンバーワンよりオンリーワン」等と口ずさみたくなるような町である。一つ一つがそれぞれに異なっているから、美しい。

その極め付けはトンバイ塀。登り窯を取り壊した後の壁の廃材煉瓦を利用した土塀である。色も艶も一つ一つ異なり、おもちゃ箱をひっくり返して並べ替えているような嬉しい気分になる。

トンバイ塀から「宮内庁御用達」とある大きなお屋敷をのぞき込んでいると「どうぞ、中をご覧ください」と声をかけられた。「いえいえ突然ですから」と、どぎまぎしながらも「辻精磁社」の中に入らせてもらい、さわやかに気軽な感じで「宮内庁の御祝儀の時に納めたものです」等と説明を受ける。「仕事場もどうぞ。九六歳になる一四代目が絵付けをしていますよ」と、これまた千載一遇、たまさか冥利とお会いした。細かな絵付けにも筆は微動だにしない。

この町のすばらしさは老人も若者も、男性も女性も一つの仕事に連なって調和していることだ。

有田を代表する女性は朝鮮時代の陶工深海宗伝《ふかうみそうでん》の妻百婆仙《ひゃくばせん》である。百婆仙は夫と共に、有田に一族七〇〇数名を引き連れ移住し、明暦二年（一六五六）九六歳で亡くなったといういわゆるゴッドマザー。川筋に近い報恩寺の宝塔には、「萬了妙泰道《まんりょうみょうたいどう》婆之塔《ばのとう》」とあり、今も多くの人の信仰を集めているという。李参平とは男女一対のシンボル。異境の地での彼女らの思いの深さは計り知れない。

芥川賞作家、村田喜代子さんの歴史小説の傑作『龍秘御天歌《りゅうひぎょてんか》』は、夫の死後、母国式の葬儀を主張する百婆仙と日本の風習に従おうとする息子との葛藤を描いている。

有田から伊万里は、コトコトとゆったり、一両編成の電車で二五分、車内はみんな知り合いのような笑顔であふれている。

そこからバスで三〇分ほど山に入った鍋島焼の大川内山の里にも高麗人の墓や陶工

無縁墓がある。韓の心はこの地の土となり、炎と燃え、器となり新たな水を盛ったのである。異国のいのりが、この地の器になった。

呼子で宿を取った。絶品イカの活き作りで酒を飲むと、沖合には点々と漁火。翌朝の朝市、元気な声は釜山のチャガルチ市場に似ている。

名護屋城博物館に立ち寄る。名護屋城は延べ三〇万を超える秀吉軍の巨大侵略基地であったが、今は韓国と日本の交流史を学ぶ友好の拠点である。韓国出身の研究員の溌剌とした説明が響いていた。

韓半島までも見渡せるような丘の上、青い海を背に木槿《むくげ》の群落が広がる。

木槿は韓国の国花、ムグンファ（無窮花）。花言葉は信念。木槿の背後に古伊万里の白磁が浮かんだ。

〔『明日の友』二〇〇六年八月一六三号〕

■佐賀県立九州陶磁文化館――佐賀県西松浦郡有田町戸杓乙3100・1――☎0955・43・3681

NO.14

森の生活と若草物語
ボストン　コンコード

アメリカ

何だか耳の聞こえが悪いのよ、と嘆き始めた妻が、夢中で『若草物語』を読んでいる。老眼鏡を置きながら、彼女が、ふっと「コンコードに行ってみない」とつぶやくように言う。その時の一言に誘われて、ニューヨーク市立図書館での調査の短い休みに夫婦でコンコードに行くことにした。

コンコードは、ルイザ・メイ・オルコットの名作『若草物語』の町、そしてまた、自然との共生を願う人々のバイブル的存在、ヘンリー・デイビッド・ソロー『森の生活』の舞台でもある。

前夜、カタコトの英語で宿だけは予約。無計画「たまさか」流、早朝、ニューヨー

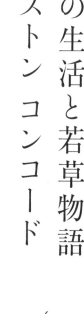

ク中央駅からボストンへの列車に飛び乗った。

ボストン北駅から古びたごつい列車に乗り換える。昇降時の扉の開閉は手動だ。検札の車掌さんが一車両に一人、顔見知りの乗客に声をかけ、検札し終わった切符をシートに引っかけていく。古きよきアメリカへの旅がこの列車から始まる。ゴットンゴットンゆっくり走ってコンコードまで約四五分。

マサチューセッツ州コンコードは、北緯四二度（同じ緯度の北海道大沼公園のある七飯《ななえ》町と姉妹都市）、人口約一万五〇〇〇人。一七七五年に独立戦争の火蓋を切った「全世界に響き渡る発砲の町」として知られる。その象徴が戦いの場となったオールド・ノースブリッジ。今も残る木の橋のたもとにはミニット・マン（当時即座に応召できる準備をしていた市民兵）の肖像がある。アメリカの独立と自由への聖地である。

町の中心までは駅から歩いて二〇分ほど。有数の観光地だが日本のような喧噪はない。歴史を静かに見守る、落ち着きのある町である。

まずは腹ごしらえ。遅い昼食は一七一六年開業という看板にひかれてコロニアルインというホテル兼レストラン。改装を重ねているが、階段の手すり等は三〇〇年ほど前のままだそうだ。小さな貝の入ったクリーム風味のこってりスープ、ニューイングランド名物クラムチャウダーをたっぷりパンに付けて食べ、元気を出したところでウォールデン湖へ。もちろん車はない、ビュンビュン車に追い越されながらひたすら一時間ほど歩く。

ソローは、一八四五年、二八歳の時から二年二カ月、この湖の辺りに簡素な小屋を建てて生活した。その記録が『森の生活』である。ソローは、研ぎ澄まされた知性とみずみずしい文体で、自然への深い愛情と人間の精神の自由を説き、産業革命の影響下、物質中心の金権主義が横行し、格差社会を広げていった当時のアメリカ社会や政府へも厳しい批判の目を向けている。彼の批判精神は、インド独立運動におけるガンジーの非暴力主義へ、一九五〇年代アメリカの公民権運動におけるキング牧師の非暴力主義にも大きな影響を与え、さらに現代の環境問題への警鐘ともなっている。今こそ読まねばならない古典的アメリカ文学の傑作である。

私はかつてこの作品の「ウォールデンのほとりに住んでいれば神と天国にいちばん近づけるのだから」「いっそこの湖を〝神の滴《しずく》〟と名づけることにしてはどうだろうか」

（『森の生活』飯田実訳）等といった一節を読みながら勝手な思いこみで、人をよせ付けないような神秘的な湖を想像していた。そうではなかった。

夏には多くの人がここで泳ぐという。私が行った時にも泳いでいる人がいたし、釣り人が今日は何も釣れないね等と話しかけてくる。湖の周囲は歩いて一時間ほど。散歩を楽しむ人も多い。やはり観光地なのだ。しかし、日本の観光地のイメージとはほど遠い。もちろん土産物店も自動販売機もない。人々はこの湖の大切さを深く知っているのであろう。

湖の東の端にあるなめらかな砂浜にたつと、「鏡のような湖面」という表現のいわれがよくわかった。頭をさげて股のあいだからのぞいてみると、湖面は谷間に張りわたされた一本の細いクモの糸のように見え、それが遠くのマツの森を背景にキラキラと輝いて、大気の層と水の層とをまっぷたつに分けている。まるでその下を濡れないで対岸の丘まで歩いて行けそうな気がするし、水面をかすめて飛ぶツバメも、そこに翼を休めることができそうだ。（前掲）

初老の夫婦連れが頭をさげて股の間から湖を見ている。私達も同じようにするとニッコリ微笑む。「どこから来たの」「日本から」「ツバメはいないね」等と短い会話を楽しむ。

コンコードはこの湖を愛おしみ自然と共生する喜びを知っている町である。神秘的であることが「神の滴」ではない。自然への共生のいのりこそ「神の滴」と呼ぶべきものだ。

翌朝は、『若草物語』の著者オルコット一家が二五年間住んだオーチャード・ハウスを見学。

プレゼントのないクリスマスなんて、クリスマスっていえるかねえ。ジョーがじゅうたんにねそべって、ぼやいています。

世界中の多くの少女がこの書き出しを知っている。「少女時代に『若草物語』を読まないで育ったのは、学校中で私一人…」とは、『あしながおじさん』の孤児院で育った少女の嘆き。原題『リトルウィメン』、チルドレン（子供）でも、ガール（少女）

でもない、男性（メン）に対応する一人前の女性（ウィメン）への成長を願う物語である。グループが集まると見学が始まる。写真撮影は禁止。ダイニングを舞台に、リビングを客席にしてよくお芝居をしたという。映画『若草物語』でエイミーを演じた若き日のエリザベス・テーラーのちょっとおませですました顔を思い出す。美術の才能があった四女メイ（エイミー）の二階の青い部屋には、彼女の絵が飾られている。

慌て者で化粧の嫌いな男の子のような主人公二女ジョー、すなわちルイザ・メイ・オルコットの机もある。父親の造った半円形の机である。物語の背景ともなっているが、父親オルコット氏は南北戦争への従軍牧師である。幼児教育に情熱を燃やし、奴隷解放を強く訴えた教育者。オルコット家では南部の奴隷の手になるコットンも使わなかったそうだ。父親の友人が、超越主義を唱え、ソローにも大きな影響を与えた哲学者エマーソン（『若草物語』では病弱なベスにピアノをプレゼントした隣人のローレンス氏）である。

『続・若草物語』は、六〇歳になった母親マーチ（オルコット夫人）が娘や孫達に祝福され、愛情と感謝と謙譲の言葉を述べる場面で終わる。『若草物語』は限りなく慈愛深き母性の物語でもある。使い古した裁縫箱や食器、彼女の愛用の品々も並んでいる。
小さな町コンコードは、歴史の置き土産のいっぱい詰まった町である。今アメリカも、そして日本もその大切な置き土産を忘れてしまったような気がしてならない。

〔『明日の友』二〇〇七年六月一六八号〕

カナダ

NO.15

宣教師ショウと赤毛のアン
プリンス・エドワード島

太平洋戦争が始まる直前、日本にいた宣教師の多くが、帰国を命ぜられた。カナダからやって来たミス・ロレッタ・レオナルド・ショウもその一人である。彼女は帰国の際、「日本の子供達にこの本を訳してほしい」と一冊の愛読書を村岡花子に手渡した。モンゴメリ作『緑の切妻屋根の少女アン』である。

このエピソードを、東京、大森の村岡花子記念室で、孫娘のお二人から聞いた。村岡は、いつの日か日の目を見ることを期待しながら、空襲のさ中も翻訳を続け、昭和二五年にようやく刊行を果たした。戦後、日本の多くの少女達の胸に明るい灯をともし、今も読み継がれる村岡花子訳『赤毛のアン』である。

ショウは、明治五年（一八七二）生まれ、三二歳で来日。それから二七年間大阪のプール学院で教鞭をとり、東京の教文館で村岡に出会った。彼女は六〇歳を超えていた。彼女が帰国したのは昭和一四年（一九三九）、そして翌一五年七月二九日にカナダで亡くなっている。日本からカナダへの長旅が彼女の死期を早めたに違いない。

彼女の日本の少女への思いを知りたい。そう思ってボストンでの会議の後、思い立って『赤毛のアン』の故郷、プリンス・エドワード島を訪れた。夜汽車でセントローレンス川を下り、モンクトンから、バスで島の中心シャーロットタウン、そこから『赤毛のアン』の舞台、キャベンディッシュに入った。

あいにくの雨のせいもあり、避暑地として人気のあるこの地も、五月の末の夕方は寂しい。桜の花が咲いていた。東京の三月末、緯度にして稚内より北、樺太あたりといったところである。

『赤毛のアン』に登場する世話焼きのリンド夫人ゆかりの宿に落ち着いたのは夕方。夕食のサンドイッチを買いに、スーパーまで二キロをハイウェイ沿いに歩く。私達夫婦には少しきつい。ショウのカナダへの長い旅を思った。

宿から五分も歩くと北の海が広がっている。ロブスターを捕る小舟が揺れている。赤土の断崖、鉛色の海、厳しい冬の季節が浮かぶ。ものみなすべてを凍てつかせ、荒野を白色に眠らせて、この地は春を待つのであろう。

翌朝、私は清らかな鳥の鳴き声に目覚めた。白樺の若緑が優しくそよいでいる。沼のほとりを歩くとビーバーが顔を出し、緑の芝生を赤キツネがゆっくりと歩いている。宿の各部屋のドアにはアンの帽子が掛かっている。朝食は、甘酸っぱいラズベリージュース、メイプルシロップとバターホイップのきいたできたてのワッフル。「つらいことはみんなたのしいことを呼ぶためにあるのよ」と言うアンの声が聞こえる。隣のテーブルには日本からの新婚旅行のカップル。話題は、二人が昨夜食べたロブスターとムール貝の味自慢。

「この島みたいに、花でいっぱいの所はないわね。あたしもう好きでたまらないわ。こんな所で暮らすんですもの。嬉しいわ。プリンス・エドワード島は世界中で一番きれいなところだって聞いていましたから」という『赤毛のアン』の描写は、今もこの島に残っている。

「グリーン・ゲイブルス」は宿から五分。その昔、モンゴメリの親戚の兄と妹と、そして彼女と同じ年の養女が住んでいた。物語ではアンが少女時代を過ごしたところである。アンや養父母となったマシュウ、マリラ兄妹の部屋が物語そのままに再現されている。アンが孤児院から抱えてきたバッグ、マシュウが贈ったドレス、マリラの部屋には紛失騒動のあった紫水晶のブローチ等。そして、家の裏側の小道はアンが名付けた〝恋人の小径〟と〝お化けの森〟。

森を抜けると、モンゴメリの住居跡や彼女の墓のある共同墓地、彼女が夫マクドナルド牧師と出会った教会、隣には彼女が祖父母と暮らし、手伝いをしていた郵便局がある。ここから彼女は誰に知られることもなく何度も出版社に原稿を送り、そして、返された。一〇〇年近く前のことである。

車で一五分ほどでグリーン・ゲイブルス博物館。モンゴメリ手製のキルト、彼女愛用のオルガン等がある。その側が〝輝く湖水〟。木々の緑を写した水と光のハーモニーはアンの小躍りするような姿を思い出させる。孤児院からやって来たアンは、迎えのマシュウの馬車に揺られながら、この湖の側を通り、「輝く湖水とするわ、そうだわ、これがぴったりの名前よ。ぞくぞくしたから間違いなしよ」と名付けたのである。

ショウは、この自然の美しさと元気な少女のことを日本の少女に伝えたかったのであろう。そう思いながら帰りを急ぐ私に、一つの看板が目に入ってきた。「カナディアンセンター フォー ホームチルドレン」とある。孤児のための施設である。美しさに酔っているばかりの自分と、ショウの思いとの間の距離を感じた。『赤毛のアン』は、つらい日々を送った孤児のアンが、この島で春を迎え、新たな家族を作る物語である。兄と妹が孤児を迎える。それは血縁にもまさる愛の絆である。島にあるのは手つかずの自然のみではない。人の優しさである。アンの残したもの、そしてショウが悲惨な戦争にころげ落ちていった日本に残したかったものは、春を待つアンのいのりである。

芽吹く花々を前に私はまた、この地の冬を思った。聖なる雪が人々を眠らせる。白い沈黙は過去を新たなものにかえる厳粛な儀式なのかも知れない。島には白いウェディングドレスがよく似合う。なんだかもう一度宿で出会った二人に祝福を言いたくなった。帰路、シャーロットタウンの海辺の大衆食堂で食べたロブスター。レモンと溶かしバターとのマッチングが絶品であった。今度はこっちから自慢したい。

〔『明日の友』二〇〇四年八月一五一号〕

NO.16

哀しみの女性たちを受け入れた海

千葉

二〇一七年一二月、快晴。東京湾の朝の光がまぶしい。東京駅から館山へ高速バスで約二時間。館山城は、曲亭馬琴《きょくていばきん》の南総《なんそう》里見八犬伝ゆかりの里見氏の居城である。来年は戌年だ。八犬伝の表紙に描かれた犬は、小さなむく犬から力強い壮犬へと巻が変わるごとに成長していく。八犬伝博物館には、八犬伝の各巻が展示され、グッズも売られている。天守閣に登れば相模湾から太平洋へと海路が続く。古代、日本武尊《やまとたけるのみこと》の東征伝説から幕末、黒船の来訪。そして近代の太平洋戦争まで、この海が大きく歴史を変えていったのである。城の傍の、富士山の見えるスポットに、「恋人の聖地」と看板があるが、ここは「歴史の聖地」だ。

館山は、戦争の匂いのきつい、傷だらけの町である。東京湾要塞が起工されたのは明治一三年（一八八〇）。本土防御の最重要地点であった。海軍航空隊・兵器整備養成学校、鬼の館砲と呼ばれた海軍砲術学校もここに作られ、日本で唯一、細菌戦の訓練学校もあった。総延長二キロに及ぶ地下壕もある。海軍特攻隊「桜花」の基地もここ。「桜花」は、敵の艦隊近くまで航空機に吊り下げられ運ばれ、ロケット噴射により高速で滑空しながら、八〇〇キロの爆弾とともに体当たりしたのである。終戦は、量産体制に入る直前であった。館山は、アメリカ占領軍本隊による本土初上陸の地点でもある。戦争中、房総の花つくり農家は「国賊」と呼ばれたそうだ。不要不急の花卉栽培は、禁止作物であった。花畑は、食糧増産のためのサツマイモ畑などに強制転用されたのである。花を愛する農民は、いつの日にか咲く種苗を人里離れた納屋に隠した。

館山城から国道二五七号線、房総フラワーラインを左折、館山海上技術学校の前の道を行くと、丘のふもとの「かにた婦人の村」の入口にぶつかる。かにたは、近くを流れる小川の名前だ。蟹がちょろちょろ歩き出す田んぼの意味であろうか。この川のふもとに救いを求めた女性達の集いがある。

哀しい思いを胸にこの坂を上ったに違いない。汗を拭きながら婦人の村の管理棟にたどり着く。

「かにた婦人の村」は、昭和三一年（一九五六）の売春防止法施行後、行き場を失い売春が継続され、人権が守られない環境に取り込まれる可能性のある女性達の保護を目的とし、作られた。当初設置のいずみ寮（一九五八年、東京都練馬区）が短期支援の通過施設であり、長期支援を目的に昭和四〇年（一九六五）に館山に土地を得て作られたのである。平成一三年（二〇〇一）DV防止法、平成二一年（二〇〇九）人身取引対策行動計画、さらにストーカー規制法等によって、人権侵害を受けた女性達の保護をも目的とした収容施設となり現在に至っている。

創立者は、深津文雄牧師。キリスト教による弱者救済が理念である。上から引き上げるのではなく寄り添うことを支援者の価値原理とする「底点志向」を唱え実践し、知的障害や精神障害を抱えた女性達を積極的に迎え入れた。敷地は、旧海軍砲台跡約三万平方メートル。運営主体は、いずみ寮にもかかわった「ベテスダ奉仕女母の家」である。ベテスダは、ヘブライ語。エルサレムの池の名で神の憐みの家という意味。

奉仕女は、ドイツのフリートナー牧師によって再興されたプロテスタントの社会救済に奉仕する女性。キリスト教への熱い信仰がこの村を支えたのだ。

「昭和五七年（一九八二）の臨時行政調査会では、補助金廃止問題が浮上したり、新規入所が止められたりといろいろありましたが、今、全国から七〇名近くの女性を迎え入れています」と施設長五十嵐逸美氏。

名誉村長天羽《あまは》道子氏の話を、同行の自由学園学部生と一緒に聞いた。昨年の夏に訪れた時は、「二日ほど前、ドイツのベテスダ母の家から帰国したばかりです」と話していたが、矍鑠《かくしゃく》と慈愛に満ちた笑顔は変わらない。今年で九一歳である。自由学園女子部二四回生。昭和二一年（一九四六）の卒業生である。天羽さんが生まれたのは、大正一五年（一九二六）旧満州の大連。中国で小学校から敷島女学校時代を過ごし、自由学園に入学。高等科三年の時終戦を迎え、翌年卒業。

「戦争中は栄養失調になりましてね。寮の皆さんに助けていただきましたよ。卒業後教会で深津牧師に出会いました。出会いですね。そして教会でドイツのディアコニッセのお話を聞きました。一九四九年でした。自分の進むべき道に神の啓示を受けたのでしょうね。聖路加の看護学校で三年間学びつつ備えました」

少し遠くを見るようにして、語り続けた。

「世の中に役に立たない人なんていませんよ。そんな人があってはならないんです。

生きているものはすべて、何かの役に立ちたいと思って生きているのです。一人一人が賜物なんですよ。世の中はそれを忘れているんじゃないですか。共に生きるのですここは共生の地です」

自立自農の農園を見ながらさらに道を上った。右手に、美しく清らかな教会堂。ここに居住するすべての人がブロックを積み、鉄筋を組み、柱を組み、昭和五五年（一九八〇）、一六カ月かけて作ったいのりの場。教会の小さなパイプオルガンは、天上の和声と呼ばれるイタリア、ジェンティーリをもととした、辻宏作の全音律オルガン。深津牧師が愛したと言うバッハの透明な曲が背後から聞こえるような気がしてならない。教会の地下には、納骨室がある。手作りの納骨棚はいっぱいになり合同墓に移されたそうだ。その時の合葬式が、永遠の安息を迎えるいのりの厳粛さと美しさに包まれたものだったと二〇一七年の「かにた便」のリポートは伝えている。

急な坂に息を切らせて頂上をめざす。小さなミカンがたわわに色づき、トンビがエサを探して鳴いている。

丘の頂上に「噫《ああ》　従軍慰安婦」の碑がある。入所者の一人が、かって従軍慰安婦であったとの告白を聞いた深津牧師がその悲しみと戦争の引き起こした罪の深さを忘れぬために、一九八五年に建立したものだ。この碑のことが韓国のテレビで紹介され大きな世論ともなった。

鎮魂の石碑は、館山湾に背を向けながら山並みの向こうの太平洋、海のかなたの南の島を見ている。土足で青春を踏みにじられた女性達の慟哭のいのりが波間から聞こえる。平成二八年（二〇一六）八月一五日にも碑の前で贖罪の鎮魂祭があった。

〔自由学園最高学部長ブログ『時に海を見よ　その後』第39回に加筆〕

■かにた婦人の村――館山市大賀594――☎0470・22・2280

第3章 青春の回廊

NO.17

青春の回廊
伊豆 松崎

静岡

時々海を見たくなる。

少年時代を海辺の町で育った。ふるさとを思い出したくなるのだろうか。そんな思いがあるのかもしれない。

夏の終わりにいつも感じる寂しさや、秋を迎えるしっとりとした落ち着きもなかった。大切にしていた平衡感覚が揺れ動き、重く濁ったしこりが心の奥にたまっていくような気もした。

「秋の海はいいですよ」

そんな時に、西伊豆の松崎に行きませんかと誘われた。

「抜群においしい干物があるんですよ。ここの宿の朝食は最高ですよ」

うまい干物の一言が効いた。これに海と夕陽と温泉。東京駅で踊り子号に乗り込むと、贅沢気分が沸いてきた。

車中、吉本ばななの小説『TUGUMI つぐみ』が、松崎を舞台にしていることを思い出して読み返した。

病弱で生意気な美少女つぐみと「私」が過ごす夏の思い出。少女から大人へのきらめくなような一瞬。誰もが心の奥底にもっていて忘れることのできない青春の一時期を、周囲のしなやかで優しい心くばりが包み込む作品である。

『TUGUMI つぐみ』は、一九八八年、昭和も終盤の六三年、いわゆる、バブルの絶頂期に発表された。土地高騰、マネーゲーム、東京への一極集中化。人々は落とし穴が待っていることも知らず、急かされるように坂道を登った。

車窓から伊豆の海が見える頃、少し古ぼけた文庫本から記憶をたどるように海が立ち上がる。

海は、見ているものがことさらに感情を移入しなくても、きちんと何かを教えてくれるように思えた。そんなふうなので今までは、その存在や、絶えず打ち寄せる波音の響きをあらためて思うことはなかったけれど、都会では人はいったい何に向かって「平衡」をおもうのだろう。やはり、お月様だろうか。しかし月はあまりに遠く小さくて、何だか心細く思えた。

（『TUGUMI つぐみ』）

寂しさや嬉しさに、握りしめたくなるような、手ざわりのいいハンカチのような作品である。

下田の手前の蓮台寺《れんだいじ》から山間の道をバスで三〇分、松崎町の観光案内所に立ち寄ると、落ち着いた感じの若いカップルが何組かいる。松崎では、人気ドラマ『世界の中心で、愛をさけぶ』のテレビロケが行われた。原作は平成一三年（二〇〇一）に出版された三〇〇万部を越す大ベストセラーである。

三〇代の人達、私達の息子や娘の世代にとっては、高校時代を共有する恋愛小説であり、この作品も、病気の少女とひたむきな若者をあたたかく見守る善意の人々の物語である。

「伊豆は風景の画廊である」と、川端康成が評しているが、伊豆は青春文学の回廊でもある。川端康成の『伊豆の踊子』、井上靖の『しろばんば』等いくつかの名作がこの半島を舞台にしている。

伊豆には、青春の輝きがある。人を愛することの美しさやはかなさがこの地には込められているような気がする。

夕陽まで時間があった。

ふらりと街を歩くと、至る所になまこ壁がある。なまこ壁は四角い瓦を並べて、その継ぎ目を漆喰でかまぼこ型に盛り上げて仕上げたもの。その盛り上がりの部分がなまこに似ている。

伊豆は冬に強い西風が吹く。土蔵のなまこ壁はその防風防火対策である。角張らず丸みを帯びた曲線には、自然の猛威を自然と一体になって融和するような柔軟さがある。ここは左官職人の手業が生活の中に息づいている町である。

左官業の繁栄がもたらした町人芸術が鏝絵《こてえ》。入江長八は鏝絵の名人として知られている。文化一二年（一八一五）松崎に生まれ、左官職人として活躍する一方、狩野派で修行し、漆喰細工に絵の技法を入れ、その画才を開花させた。亡くなったのは明治二二年（一八八九）、七三歳であった。

明治一〇年頃の東京での活躍は大へんなもので、長八が本所の豪邸に作った鏝絵は評判を呼び、明治天皇や明治一二年訪日したアメリカ大統領グラント将軍も見学に訪れた。浅草寺観音堂や成田不動尊、目黒の祐天寺等にも作品があったが、ほとんどが震災や戦争でなくなり、まとまった形で見ることのできるのは、伊豆の長八美術館だけになった。

鏝絵は壁に鏝で石灰を塗り付け、乾くか乾かぬかの内に上から彩色を施したもの。教会等のフレスコ絵とよく似た技法であるが、鏝絵には他にないこまかな立体感がある。伊豆の長八美術館の斜め向かいにある浄感寺長八記念館の飛天の像と天井の龍は、その立体的な特徴を存分に伝えている。

長八は浄感寺再建にあたって弟子二人を連れ、世話になった上人のためにこの鏝絵を描いたそうだ。故郷の海からの光がこの絵をさらに美の夢幻世界に誘いこんでいる。

松崎の集落から、川沿いの桜並木を行くと、重要文化財指定の岩科《いわしな》学校がある。なまこ壁をいかした社寺建築様式と洋風のバルコニー。伝統と明治のモダニズムが香る学校である。村人達の寄進によって明治一二年完成、松本の旧開智学校などに次ぐ古いものである。

裁縫室に使われていた二階の教室の欄干に鏝絵の千羽鶴が描かれている。光を浴び日の出を目指して飛翔する鶴には、教育の理想を子供達に伝えようとする村人の思いがある。

夕方松崎の町に戻った。

浜辺には小さな子供を連れた若い夫婦が夕焼けを見ていた。故郷の甘くほろ苦い青春がいのりの中でよみがえるような海と夕陽であった。

翌朝は日本一の朝食。用意してくれたのは宿の女将。もう八〇歳を大分超えているというが、きっちりとお化粧をし、毎日朝市に出て、干物の鯵を吟味するそうだ。抜群の焼き具合、ほどよい塩加減。よくしまった肉厚の鯵をギュッと噛みしめる。これは伊豆の海と太陽の味だ。

「うまいですね」と私。

「天然自然を大事にしてますからね」と女将。そして「私は若い頃から『婦人之友』をよく知っていますよ」と一言。

うまいはずである。

〔『明日の友』二〇〇五年一〇月一五八号〕

■伊豆の長八美術館——静岡県賀茂郡松崎町松崎23——☎0558・42・2540

■重文岩科学校——静岡県賀茂郡松崎町岩科北側442——☎0558・42・2675

NO.18

江戸川乱歩の妻、お隆さんを訪ねて　鳥羽

三重

立教大学の隣の敷地に、モダンな洋館と古びた土蔵がある。江戸川乱歩（平井太郎）と、長男隆太郎の邸宅であり、その土蔵が摩訶不思議な世界を生み出した「幻影城」であると、先輩に教えられたのは、学生時代であった。

「乱歩」そう聞いただけで、少年時代にもどることができる。「ぼ、ぼ、ぼくらは少年探偵団……」と、口ずさみたくなるのだ。

そして、その一方で、その軽やかな気持ちに覆いかぶさるように、乱歩のおどろおどろしい、怪奇な世界が広がる。明るい太陽とあやしい月の光がまじりあった世界である。

乱歩が亡くなったのは、昭和四〇年（一九六五）、私は大学二年であった。思い出はかすんでいるが、夏の夜、多くの黒い影が、いくつもいくつも静かに動いていた。あれは乱歩の通夜だったのだ。追憶の糸をたどりながら、乱歩夫人のことをたまさかに思い出した。大柄な品のよいおばあさんであった。

乱歩が愛した人に会いたくなった。乱歩夫人、平井隆《りゅう》、旧姓村山隆、「お隆さん」と鳥羽の人は、今も親しみをこめてそう呼ぶ。

鳥羽は、お隆さんばかりではない。

乱歩にとってもふるさとであった。昭和四年（一九二九）一月一二日の「大阪毎日新聞」は、「故郷へ呼びかける　忘れ得られぬ　美しい鳥羽の印象　ぜひあの地を遊覧地にしたい」と見出しを付け、乱歩の記事を載せている。乱歩は「伊勢は一体に風光はいいが、殊にこの鳥羽は松島以上の風光に富み気候もよく実に平和な処で志摩うちで最も感銘が深い」と記している。

海女の磯笛がどこからか聞こえてきそうな静かな海である。鳥羽市から定期便で一〇分、船は乱歩の佳作『パノラマ島奇談』のモデルになったという真珠島を見ながら進む。お隆さんの生まれ故郷、坂手島である。

志摩はよし鳥羽はなおよし白百合の
真珠のごとき君が住む島

乱歩がお隆さんにおくったと言われる恋歌である。この島で二人は出会った。大正七年（一九一八）一〇月六日、坂手島小学校で学芸会があった。この時、乱歩二五歳、鳥羽造船所につとめていた。お隆さんは、二二歳、坂手小学校の教員であった。

お隆さんの実家、現在まで九代続く雑貨店村万商店で、当時小学校三年、現在九四歳の東川《ひがしかわ》寅さんに会って話を聞いた。

「大きな人でしたよ。しっかりした人でした。この学芸会の出し物は、『遅《おく》れ坊《ぼう》の栄《えい》さん』。話は隆先生が書いたんですよ」と。

乱歩はこの時のことを、「この辺には稀《めずら》しく頭のいい女先生を発見した……、『遅れ坊栄ちゃん』のステージマネージャーたり、運動会の日の『一谷合戦《いちのたにかっせん》』『紅葉狩り』

の創案者たるその先生の頭に感心したり。『遅れ坊栄ちゃん』によつて坂手の漁村に一種のオペラ見せられたる時僕は驚かざるを得なかつた」（『貼雑年譜《はりまぜねんぷ》』）と記している。お隆さんは乱歩に恋をした。先の見えない恋である。乱歩は、後年、この時代を思い出しながら、『貼雑年譜』の中で、自分は独身主義で結婚するつもりはなかった、彼女の積極さに押し切られた、「私モ無茶デアツタガ隆子モ当時ハロマンチックナ所ガアツタノデ、コノ無茶ヲ喜ンデ引受ケタワケデアル」と書いている。

結婚式は翌大正八年（一九一九）一一月、乱歩はカーキ服一枚しか持たず、礼服はもちろん借り物、お隆さんは病み上がりであった。その頃、乱歩はすでに鳥羽を離れ、東京で失職中、売れない屋台のラーメン屋であった。

無茶な結婚であった。しかし、お隆さんは後年、昭和三一年（一九五六）一〇月、『伊勢新聞』のインタビューに答え、「主人が車の前を引き、私が後ろからこう押してね」と笑いながら当時を回顧し、きっぱりと「恋愛をしても何をしても責任を考えた上で行動すること。世の中がどうの、親がどうのということはやめた方がよい」と言う。また、昭和六年（一九三一）の『婦人倶楽部』では、「先ず自分を強く、大きくもりたてたいと思ひます。揺るぎなき強さ、これが娘さんばかりでなく私達婦人にとつて最も大切な事かと存じます」と語っている。

お隆さんは強く、優しい人であった。自立と他者への優しさを持った人であった。それは、海に生きる、男勝りの鳥羽の女性の特徴なのかもしれない。周囲約四キロの小さな坂手島で、太平洋戦争中、八〇人もの犠牲者が出た。友人も多く死に、親戚の若者も死んだ。彼女は歌う。

故郷の山にいだかれ若人の
八十のみ魂の夢の安かれ
若人の石碑数へて八十あまり
永久に帰へらじ尊き命は

大正一〇年（一九二一）、長男が生まれた。母の隆の一字と父の太郎を取り、隆太郎と名付けられた。後の立教大学教授、平井隆太郎である。

そして、大正一二年（一九二三）四月『二銭銅貨』が発表され、乱歩はまたたくまに、時代の脚光を浴びるが、お隆さんの苦労は続き、同年五月に、腹膜炎で入院している。その後もお隆さんは下宿屋を経営するなどして乱歩を支えた。昭和九年（一九三四）池袋に居を構えた頃から生活も安定する。お隆さんなしに乱歩の成功はなかった。乱歩の成功の陰には、故郷を愛し、平和をいのる妻お隆さんの存在のあったことを忘れてはなるまい。

坂手島からの帰途、竹久夢二の後継者とも目された乱歩の旧友岩田準一の生家跡に造られた「鳥羽みなとまち文学館　岩田準一と乱歩・夢二館」（現・江戸川乱歩館）を訪ねた。準一の唯美的感性は、乱歩のみならず南方熊楠《みなかたくまぐす》にも大きな影響を与えた。岩田準一への真摯な再評価は、確実にこの記念館から生まれるであろう。

鳥羽から、三重県名張市の、乱歩生誕地碑に立ち寄った。古い町並みから少し入った所に造られた記念碑の昭和三〇年（一九五五）の除幕式には、乱歩と共にお隆さんも来ている。

池袋に帰って、お隆さんの孫、平井憲太郎氏に会ったので、法名を聞いた。没年は昭和五七年（一九八二）九月二日。

福樹院勝宝隆昌大姉
乱歩が生前に付けておいたそうである。ふくよかで、勝気なお隆さんが浮かぶような法名、乱歩の傑作の一つかもしれない。

「どんなおばあさんでした」と私。

「掃除や整理の嫌いな人でしたよ」と笑いながら憲太郎氏。

乱歩は、人並はずれた整理魔である。なんだか私はますますこの夫婦のファンになった。

〔『明日の友』二〇〇四年六月一五〇号〕

■江戸川乱歩館―鳥羽市鳥羽2・5・2―☎0599・26・3745

青森

NO.19

太宰治の『津軽』を旅する

『津軽』は『新風土記叢書』執筆の依頼を受けて、太宰が約三週間、津軽半島を一周した時の、紀行体裁の告白小説である。

上野発二一時四五分の夜行寝台に乗車。

太宰が出発したのは、昭和一九年（一九四四）五月一二日一七時三〇分上野発の夜行列車である。私はこの年の暮れに生まれた。

列車がガクンと音（この音も久しぶりだ）を立てると旅心が定まった。少し狭いが個室はありがたい。ぐっすり寝て七時一八分、東能代で五能線に乗り換える。日本海の

波が窓に飛び込んでくるようだ。

鰺ヶ沢で下車、約二時間で白神山系の一部を一周する「ミニ白神」散策コースへ。ブナ林の下の道はまるで絨毯のようにやわらかい。熊の爪痕が大木に刻み込まれている。樹齢二〇〇年を超える木に聴診器を当てると、小川のせせらぎのような音がした。「このブナの木もやがて朽ち果てて、大きな葉も枯れます。そしてこの木の下に太陽の恵みが降りそそぎ、新たな命を育むのです」とガイドさん。枯れた大きな木の下に白い小さな花が咲いていた。

活気のある町。東京でいえば、浅草、と太宰が記した五所川原へ。八月初旬「ヤッテマレ、ヤッテマレ」の掛け声の中、七階建てのビルに相当する高さ二二メートルの人形ねぷた「立佞武多《たちねぷた》」がこの町を練り歩き、五日間で約一三〇万もの人が熱狂する。伝統を引き継ぐ新たな若者の熱い思いにより、平成八年（一九九六）、約九〇年ぶりにこの祭りが復活した。

翌朝、広々とした稲田の真ん中を、津軽鉄道で、金木《かなぎ》の太宰治記念館「斜陽館」へ。宅地約六八〇坪、居室一九室の豪邸である。

はるか前方に、私の生家の赤い大屋根が見えて来た。淡い緑の稲田の海に、ゆらりと浮いてゐる。（『帰去来』）

太宰は明治四二年この家で津島家の六男として生まれた。昭和一六年、彼は、衰弱した母を見舞うために一〇年ぶりでこの家に戻る。

生家の玄関にはひる時には、私の胸は、さすがにわくわくした。中はひつそりしてゐる。（前掲）

ひんやりした畳の感触、大きな仏壇。時間が止まったかのような錯覚が私を襲う。

背後にスッスッと足音が聞える。私は緊張した。母だ。母は、私からよほど離れて坐つた。私は、黙つてお辞儀をした。顔を挙げて見たら、母は涙を拭いてゐた。小さいお婆さんになつてゐた。（前掲）

「斜陽館」は、太宰の過去が白いページから陽炎のように立ち上がるところである。

その日、靄がかかり岩木山が見えないことはわかっていたが、タクシーを太宰が遊んだ高流山《たかながれ》へ急がせた。ここからの岩木山の描写は美しい。

岩木山が、満目の水田の尽きるところに、ふはりと浮かんでゐる。実際、軽く浮かんでゐる感じなのである。したたるほど真蒼で、富士山よりもつと女らしく、十二単衣の裾を、銀杏《いてふ》の葉をさかさに立てたやうにぱらりとひらいて左右の均斉も正しく、静かに青空に浮かんでゐる。決して高い山ではないが、けれども、なかなか、透きとほるくらゐに蟬娟《せんけん》たる美女ではある。（『津軽』）

人は、悲しみや暗い過去を持つほどに自然の美しさを汲み取ることができるのであろうか。

金木の隣駅、芦野公園には、太宰が生前もっとも好んで口にしたという、フランスの詩人ヴェルレーヌの一節「撰ばれてあることの恍惚と不安と二つわれにあり」と刻まれた記念碑がある。太宰の誕生日六月一九日には、ここで生誕祭が行われる。この日、東京の三鷹では、墓のある禅林寺で桜桃忌が毎年行われる。昭和二三年（一九四八）

六月一三日玉川上水で入水自殺、六日後遺体が発見され、この日が命日となったのである。

今年は没後六〇年、大変な人出であった。

五所川原から、バスにゆられ約一時間半、岩木川の河口に広がる広大な十三湖《じゅうさんこ》へ。

十三湖が冷え冷えと白く目前に展開する。浅い真珠貝に水を盛ったやうな、気品はあるがはかない感じの湖である。（中略）ひつそりしてゐて、さうして、なかなかひろい。人に捨てられた孤独の水たまりである。（前掲）

これに繋がる十三湊《とさみなと》は、平成三年（一九九一）からの遺跡発掘により、中世、九州博多と並ぶ最大級の東アジア貿易の拠点となる港湾都市として隆盛を誇ったことが解明された。歴史のロマンを秘めた湖である。

太宰の時代、このことは知られていなかった。

北へバスで二〇分、小泊《こどまり》へ。

小泊は、『津軽』のラストシーン。太宰は子守の越野タケと国民学校の運動会場で、ようやく三〇年ぶりの再会を果たす。

ぼんやり運動会を見て、胸中に一つも思ふ事が無かつた。もう、何がどうなつてもいいんだ、といふやうな全く無憂無風の情態である。平和とは、こんな気持の事を言ふのであらうか。もし、さうなら、私はこの時、生れてはじめて心の平和を体験したと言つてもよい。(前掲)

タケは、「甘い放心の憩ひ」を与えた。それは故郷の持つ「不思議な安堵感」であり、血を越えた「母性」への思いであった。

今も同じように小泊小学校のグランドがあり、それを見下ろすように、二人の像が並んでいる。「小説『津軽』の像記念館」には、生前のタケが太宰との思い出を語るビデオや、資料が展示されている。

小泊から竜飛《たっぴ》まではバス便がなく、タクシーで岬と峠をいくつも越えて行く。竜飛漁港の側に太宰の碑がある。

ここは本州の極地である。……ここは、本州の袋小路だ。（『同』）

民宿の夕食は海の幸が満載。「新幹線もここを通るよ」と語るおばさんの津軽弁は優しいタケの声によく似ていた。

まっくらな夜の中から波の音がよせては返した。北の荒海の音につつまれていると、母のいのりが波の音に重なった。

〔『明日の友』二〇〇八年八月一七五号〕

■太宰治記念館「斜陽館」―五所川原市金木町朝日山412・1―☎0173・53・2020

栃木

NO.20

関東平野の風雅な都会 足利

赤城連山を遠くに見、関東平野を爽快に電車は進む。東武線浅草駅から特急で七〇分。足利市駅下車。渡良瀬川を渡り、歩いて一〇分ほどで、町の人が「学校様」と尊敬と親しみを込めて呼ぶ足利学校。入徳門をくぐると左手に孔子像がある。

孔子の教えを伝えた儒教は、日本人の倫理観にもっとも大きな影響を与えた中国の思想である。もちろん、その影響にはよい面もあれば、一方で封建体制を維持するような、負の遺産とでも言うべきものもある。だが、正しいものが正しく評価されず、むしろ偽善的な軽薄さが世の中に受け入れられているような現代において、自らの精神を正す毅然とした儒学の姿勢から学ぶべきものは多い。

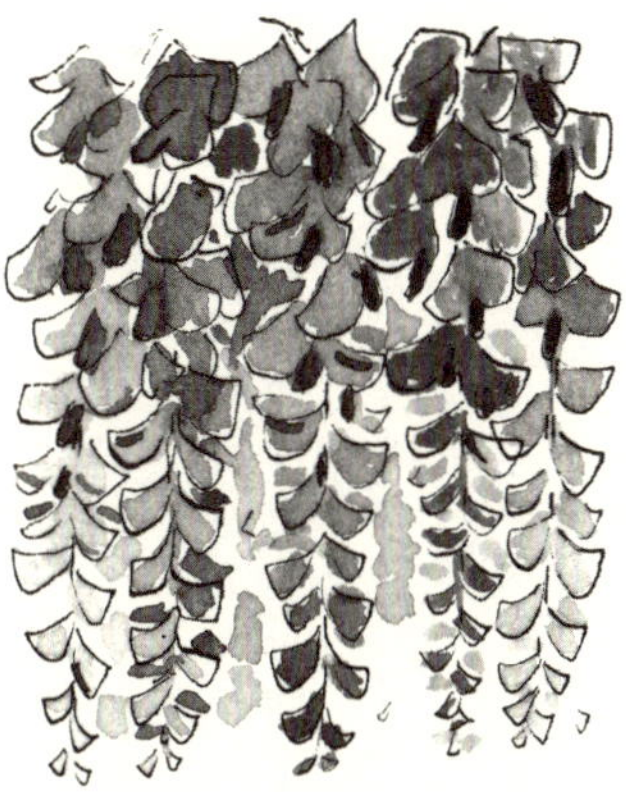

学校門をくぐると背筋が伸びるような気がする。正面の孔子廟（聖廟）に参拝。ここで、孔子とその弟子達を祀る儀式、釈奠《せきてん》が古式に則って行われている。全国で、本格的な釈奠が行われるのは、東京の湯島聖堂、岡山県備前市の閑谷《しずたに》学校、佐賀県多久市の聖廟と、ここ足利学校である。

足利学校は日本最古の学校であると言われている。創建については、奈良時代、律令制の学校からとか、また平安時代の漢詩人小野篁《おののたかむら》の創設になるといった諸説があるが、はっきりと歴史にその名を残し始めるのは、一五世紀、室町時代前期、関東管領上杉憲実《のりざね》（一四一一〜一四六六）が、現在隣接する足利学校遺蹟図書館に所蔵されている国宝『宋版尚書正義《そうはんしょうしょせいぎ》』等多くの儒学書を寄進し、学則を整備し、再興を果たしてからである。足利学校には、禅宗寺院で最高の格式を誇った鎌倉、京都の五山の僧を始め、当代の優秀な人材が集まった。

鎌倉建長寺の住持玉隠英璵《ぎょくいんえいよ》は、「足利の学校には九州や関の西、東から学問を志す者が集まった。その感化のゆえ、この地の人々は漢詩を吟詠して仕事に勤しんでいる。足利はまことに、風雅之一都会也」（長享元年・一四八七）と述べている。

関東平野の真ん中に忽然と光り輝く知の殿堂、「風雅の都会」があったことを広く世界に伝えたのは、波濤を越えてやってきたキリシタンであった。彼らは足利学校の知的ライバルでもあった。フランシスコ・ザビエルは天文一九年（一五五〇）、「日本国中最も大にして、最も有名な坂東の大学」と紹介し、「学徒三千」を超すと『日本通信』で紹介している。また、その一四年後にやって来たルイス・フロイスは、「あらゆる（大学の）うちで最も高貴な足利の大学で宗論が行われるならば（キリスト教の正当性が理解されるならば、日本の）教養ある人々が（皆）改宗することはほとんど（まったく）困難ではなかろう……」（『フロイス　日本史』中央公論社）と記した。

その後、足利学校は衰微していったが、平成二年（一九九〇）、学術研究の成果をもとに、方丈・書院・庭園等が江戸時代の姿に復元され、今は漢詩入門講座、論語の素読の会等の社会教育の場として活用されている。はるか昔に蒔かれた「知」の種は、根強くこの地で花を咲かせようとしている。「足利学校と足利氏の遺産」として、鑁《ばん》阿《な》寺と共に世界遺産登録への運動も行われている。鑁阿寺は、足利学校から風情のある石畳の参道を二〇〇メートル。堀に囲まれた足利氏の屋敷跡に建てられたもの。国の重要文化財指定の正面の本堂、茂みの中にある鐘楼は、鎌倉・室町時代の、古風で品格のあるたたずまいを残している。

三〇〇畳敷きの大藤棚や八〇メートルもの白藤のトンネルで知られる、あしかがフラワーパークへ。園長塚本こなみさんは、日本女性樹木医第一号として、樹木の診断、治療にあたり多くの巨樹の移植を手がけた。ここの大藤の移植も塚本さんの手によったもの。

「それぞれの樹の命を信じることですね。藤も色々です。立っていられないのに立とうとする藤、横になりたい藤。人間と同じにそれぞれに個性がありますよ。大藤の移転の時には傷を付けないように人間と同じようにギプスをはめたんですよ」「樹にギプスですか」と目の前の大藤を見直す。「引越しの傷口に墨を塗り日本酒を含ませたら傷口も回復していきましてね。今では一・六メートルもの花房が全部で一五万本、六〇〇万個の花を咲かせます。種にも実にも花にも根にも愛情が大切ですね」と塚本さん。幼い種を育む母性がこの植物園を支えているようだ。

フラワーパークから歩いて五分、両毛線を越えて坂道を上ると栗田美術館。三万坪の広大な敷地に広がる、全国でも有数の陶磁器美術館だ。

少し遅くなったが、昼食は、こころみ学園のワイン醸造場、ココ・ファーム・ワイナリー直営のオープンカフェで。二〇〇〇年の九州沖縄サミットで大評判になったワインを一口。お腹の底がしみ渡るようにあたたかくなる。

見上げると窓の外には急斜面の葡萄畑が広がっている。昭和三三年（一九五八）、知的ハンディを持った中学生達が、二年がかりで匂配三八度、三ヘクタールの荒地を開墾した。

ワインづくりが開始されたのは、二六年後の昭和五九年（一九八四）秋。現在園生は、一六歳から八四歳まで、一三二名。パンフレットに「ここでは今、寡黙な農夫達が仲間と共に一生懸命働いています。苛酷な条件の、痩せた土地にしっかりと根を張った葡萄の木は、上質な葡萄を実らせ、味わい深いワインを生みます。数々のハンディをもちながら暮らし働く毎日に、急斜面の葡萄の木はつつましく、忍耐強く、そして明るくあることの大切さを教えてくれました」とある。

ほろ酔いの明るい気分は、大切なものとは何かをそっと教えてくれる。種蒔く人のいのりを育む北関東の粘り強い風土が、クラシックのハーモニーのように聞こえる旅であった。

帰途、栃木で途中下車して、レトロなボンネットバスで一めぐり。川沿いの散歩道、土蔵とよく似合う町並みを歩き、旧日光街道沿いにある天明年間から二二〇年続く味噌屋、油伝《あぶでん》で田楽を注文、旧家の店の中で一皿賞味した。これは絶品。またゆっくり散策したいものだ。

〔『明日の友』二〇〇八年四月一七三号〕

■史跡足利学校―足利市昌平町2338―☎0284・41・2655

■あしかがフラワーパーク―足利市迫間町607―☎0284・91・4939

■ココ・ファーム・ワイナリー―足利市田島町611―☎0284・42・1194

NO.21

佐原に伊能《いのう》忠敬《ただたか》を訪ねる

いつの頃からか、ちょっとした動作で年齢を感じる。最近は膝の調子が悪い。そんな時に「まだまだもう一歩先へ」と、私の背中を押す人がいる。五六歳から、一七年間、歩数約四千万歩、距離にして三万五千キロ、「二歩で一間（一・八メートル）」の歩幅で日本中をくまなく歩き尽くし、実測の日本地図を初めて完成させた伊能忠敬である。元気をもらいたい。そう思って、伊能忠敬の町、千葉県佐原市を訪ねた。

江戸時代以来の町並みが、佐原の中心部を流れる小野川沿いに残っている。関東で

最初に、「重要伝統的建造物群保存地区」として選定された町並みである。保存地区というと、どうも化石のような町を想像しがちだが、ここは違う。昔からの家業を引き継ぎ、呉服屋、乾物屋、荒物屋、醤油屋、本屋、蕎麦屋等が今も営業している。昔の繁栄とは比べようもないが、ここには過去の元気を引き継ぐ生活の匂いがある。歴史の中で生活が息づいている。

お江戸見たけりゃ　佐原へござれ
佐原本町　江戸まさり

近郊の農業生産と利根川水運に支えられた繁栄は「江戸」を越えると歌う。

小野川をはさんで、町並みに調和した伊能忠敬記念館と伊能忠敬旧宅跡がある。記念館では、伊能忠敬の生涯をたどり、その業績の結晶である伊能図や測量器具を見ることができる。現在の日本地図と伊能図をフィルムに模写して重ねたものは見ものである。二つはほとんどずれがない。忠敬の見事な測量技術である。

忠敬は、延享二年（一七四五）上総《かずさ》国小関村、今の千葉県九十九里浜町の小関家で生まれた。六歳の時、母が亡くなると、婿養子の父は忠敬を置いて実家（神保家）に帰った。そして一〇歳の時、忠敬は小関家を離れ、父のもとに引き取られた。その後旧家である平山家の養子となり、一七歳で伊能家に婿養子に入り一人娘と結婚する。

忠敬はもちろん初婚、妻の名は、達《みち》。達は再婚、四歳年上、死別した前夫との間には男の子がいた。

幼少期、そして忠敬の青春を取り囲む家庭環境はたしかに複雑である。戦前の国定教科書に登場した偉人伝中の忠敬像等は、この複雑さの中に、忠敬につらくあたる継母を登場させ、勝ち気な年上女房のもとの一七歳の青春の暗さを作り上げている。だがその想像は、的を射たものであるとは思えない。結婚の年、幕府の学問の最高指導者である林大学頭から忠敬の名（これ以前は三治郎）をもらっている。これは、忠敬が将来有望の秀才であり、伊能家を託するに相応しい人物との折り紙を付けられたようなものである。

忠敬は、伊能家のみならず、佐原の町の期待の星であった。忠敬の結婚から見えるものは、商家の誇りを一身に集める若者の姿である。そして彼は期待に見事に応えた。

佐原の最大の危機は、日本全体がそうであったように、天明の大飢饉である。佐原ではその上、天明六年（一七八六）、利根川の大洪水の被害にもみまわれた。災難に先頭で立ち向かったのが忠敬である。忠敬は、天明元年（一七八一）、三六歳、組名主。さらに天明四年には、村方後見となり、村方全体を管理監督する立場になった。忠敬は貧しい者に米を給与し、大飢饉の時も一人の餓死者も出さず、近辺からの窮民を救済し、施薬を行い、その一方で、米価の値上がりを見込んで、西国から大量の米を買い付けて利益を上げた。利益を上げ、社会のために商売をする、それは「商人道」と言ってもよい職業倫理である。

佐原で武士の影は薄い。江戸時代の佐原の人口は約五〇〇〇人。この中に武士は一人もいない。佐原は旗本の知行地で時折役人の見回りがあるものの、ほとんど権力を持っていない。有力商家つまり伊能家を代表とする町人達による自治がしかれていたのである。天明六年、江戸では大規模な打ちこわしによって社会不安が拡大。佐原も例外ではなかった。多くの町民が、武士の見回りを要請すべきだと主張したという。

しかし、忠敬は「役人にまかないの費用を出すくらいなら、その分だけでも百姓に与えた方が役に立つ、もしも不埒な奴らが村に入りこんで騒動を起こしたなら、銭米を与えた百姓達に防がせればいい」と、商人達から金を集め、貧しい者に施しを与え、打ちこわしを未然に防いだという。

武士は頼りにならない。忠敬が肝に銘じていた一言だ。そして、蓄財を世の中のために使う。この商人道こそ伊能忠敬を貫いていたものであった。

寛政六年（一七九四）四九歳、家督を長男景敬《かげたか》に譲って隠居した忠敬は、翌年、江戸に移り住んで本格的に天文学を学び、そして五五歳、寛政一二年（一八〇〇）、日本地図作製の第一歩となる、蝦夷地測量に出発するのである。

この時の費用は約一〇〇両。この内幕府から出た金は二二両二分、あとの約八〇両は忠敬の負担であった。前年、東蝦夷を直轄地とした幕府にとって、地図は必要不可欠なものだった。日本という国の地形認識が、為政者「武士」の手によらず、隠居した初老の「商人」魂によって始まったことは、もっと記憶されてよい。

蝦夷地は江戸時代後期の人々にとって、未知の可能性を持つ憧れの地でもあった。アイヌ模様は忠敬が住んでいた深川の芸者の裾模様にも使われたニューファッションでもある。また、佐原には北前船の物資も多く入った。佐原と蝦夷は近い。

創業天明二年（一七八二）の看板の蕎麦屋があった。千葉県有形文化財の小堀屋本店。ここの名物は、黒切り蕎麦。日高昆布を使った当店秘伝の変わり蕎麦と説明がある。蕎麦の風味が失われない程度に北海道日高の昆布のうまみがきいている。京都のにしん蕎麦と同じ趣向の北前船の味付けである。

天明年間といえば、忠敬、苦難の中、大車輪で活躍の頃、彼も黒い蕎麦に北前船への夢を乗せ、蝦夷の地を思ったのであろう。

平成一六年（二〇〇四）、安全へのいのりの中で、佐原の大祭の山車行事が国の重要無形文化財に指定された。五メートルもある大きな人形を乗せた山車が十数台も続き、引き回される。この祭りこそ、佐原商人の誇りの神髄。

佐原は元気の出る町である。

〔『明日の友』二〇〇四年一〇月一五二号〕

■伊能忠敬記念館―香取市佐原イ1722・1―☎0478・54・1118

NO.22

永井荷風
フランス路上散歩

ガイドブックを片手に、多くの人が都会の路上散歩を楽しんでいる。

路上散歩は、名所旧跡を訪ねる旅とも、団体観光ともひと味違う。裏町を愛し、計画は個人で立て、高級店よりも大衆食堂のうまい店を探し、喧噪の巷の中に身を置く。風俗散歩や散歩文学と言い換えた方がいいかもしれない。散歩を通して人間を見るのでなければならない。

この路上散歩の元祖は明治四一年（一九〇八）フランスから帰国した永井荷風で

あると言われている。大正四年（一九一五）に発表された『日和下駄《ひよりげた》』はその最初の作品。荷風が古い東京（江戸）をいとおしみ、近代化が急激に進む東京に哀惜の念を強く持ちながら散歩を始めたのは、フランスで味をしめたからである。

パリに酔った荷風を自分の中にも感じてみたいと思った。青春文学の最高傑作であり、『ふらんす物語』はひたむきに文学や芸術を愛する心をよみがえらせてくれる。

ホテルは下町。地の利はいいが六階の屋根裏の小部屋まで、螺旋階段はきっちり一〇〇段。エレベーターはない。ゆっくり上がっても二回は休まねばならない。

フロントには荷風の言う「髪の毛汚き老婆」（以下引用は『ふらんす物語』から）はいないが、「襟付けたる事なき下着一枚の男」。もちろん貧乏旅行の故なのだが、「番卒の如きもの立ちて、人の出入に敬礼する大旅館に泊するほど趣味なきものは無之候」と大きなホテルを敬遠し、「螺旋形をなしたる梯子段を上れば、（中略）色あせたる窓かけなぞに、殊更狭く見ゆる天井低き一室の有様は、芝居の大道具然たるサロンのさまよりも如何に趣味深く候うぞ！」とあるのにそのままである。二七歳の荷風の夢を追うには、この一〇〇段も苦にはならないはずとやせ我慢した。

正味一週間、時間もなかった。宮殿や大きな寺院めぐりにも行かぬことに決め、路地裏をひたすら歩き、時には地下鉄の中で、コインを求めてアコーディオンを奏でる陽気な男達の演奏を楽しんだ。そして、つかれたところで一杯のコーヒー。

荷風はサンラザールの停車場に降り立ち、パリを初めて感じた時「この近辺はパリーの中でも非常な雑踏場で、掏盗児《すり》の多い事は驚くほどだ」としながらも、一方で「人間が皆《みん》な、ゆっくりしている」と述べている。雑踏が落ち着きを与える。不思議な調和である。午後のカフェテラスは、我々のような初老の夫婦連れでいっぱいであった。

夕食は、フランスの田舎料理。気に入ったのは日本のおでんに似たポトフ。やわらかな豚の大きなすじ肉、熱くて舌が焼けそうになるかぶもうまい。

あとはスーパーでフランスパン。チーズ、ワイン、ソーセージ、ニシンの酢漬け。ウナギの薫製も手に入れたがこれは少し脂がきつく、やや苦みがある。言葉は挨拶と数字の三まで、あるのは少しばかりの冒険心。そして、地図を片手の我々夫婦にパリの人のなんと親切なことか。

自分は夜といい、霧といい、猫といい、悪臭といい、名も知れぬこの裏道の光景が作り出す暗澹な調和に魅せられて、覚えず知らず、巴里の陋巷《ろうこう》を、歩みも遅く、ボードレールが詩に悩みつつ行く時のような心地になった

パリには東京ではほとんど消えてしまった路地裏が今もある。パリには東京でビルの谷間に埋もれほとんどなくなってしまった空がある。バスティーユ広場の革命記念塔は、燦然と空に輝いている。東京は川も橋も失った。日本橋も隅田川の上も高速道路の通り道になった。パリではセーヌも、一九世紀に作られたサン・マルタン運河も、そこにかかる小さな橋のたもとの北ホテルも、時代と共に生きている。今もロートレックの画がロビーに飾られる赤い風車のムーランルージュ、もちろんエッフェル塔も変わらない。そして多くの画家達を魅了したモンマルトルの坂道。

荷風が敬愛したモンパルナスのモーパッサンの墓は、彼の母が「虚名を憎む」息子の遺志を継いで建てた簡素なもので、今も献花が絶えない。ボードレールの墓も、『悪の華』の記念碑もここである。「木乃伊《ミイラ》になりて横たわれる詩人」の像である。ここ

でも最高のガイドブックは『ふらんす物語』であった。私は墓の前で荷風を思いながらいのった。

明治時代、多くの知識人・文学者が重い期待を背負ってヨーロッパを訪れた。荷風もその一人である。荷風はアメリカでの留学を終えて、フランスへやって来たのである。父の紹介によるリヨンでの横浜正金銀行勤務がその仕事であった。荷風の父は息子が海外勤務を終えエリートとして帰国するのを待っていたであろうが、フランスに酔いしれた息子は父の期待を裏切った。

荷風は、「旅人の空想と現実とは常に錯誤するというけれど、現実に見たフランスは、見ざる以前のフランスよりも更に美しく、更に優しかった。あゝ！　わがフランスよ！　自分はおん身を見んがためにのみ、この世に生まれて来た如く感ずる」と思いのたけを述べる。荷風がフランスに感じた美しさは、日本への鋭い批判への裏返しでもあった。荷風は続けて、「自分は日本の国家が、芸術を虐待し、恋愛を罪悪視することを見聞きしても、最早要なき憤怒を感じまい」と述べている。富国強兵が進歩であると考えた時代に荷風はあらがい続けたのである。

荷風の任地リヨン市を訪ねようと、パリのガール・ドゥ・リヨン駅からマルセイユ行きの急行に乗った。「自分は窓際に席を占め、列車が次第にパリーの町端《はず》れを離れて広い広い麦の野中《のなか》を過行く夕陽の景色を眺めた」「今見るフランスの野は、何も彼も皆女性的」である。

リヨンの荷風は、アメリカに置き去りにした恋人を思い、晩秋のローヌ川の岸辺で、ヴェルレーヌの詩を口ずさむ。「都に雨の濺《そそ》ぐが如く、わが心には涙の雨が降る。如何なれば、かかる悲《かなし》みの、わが心の中に進入《すすみい》りし」と。

帰国し、荷風が愛した浅草の洋食屋に行った。その洋食屋は浅草の路地にあるアリゾナ・キッチン［＊1］。煮込んだビーフシチュウの味は荷風に出したそのままの味だと言う。たしかにその味はフランスの大衆食堂で食べた味によく似ていた。洋食屋の主人の荷風の思い出話を聞いた後、店を出ると雪にでもなりそうな雨が降ってきた。フランスと荷風が呼びかけているような気がした。本箱の片隅に忘れられたボードレールやベルレーヌをひたむきに読んでみよう。

〔『明日の友』二〇〇五年二月一五四号〕

＊1 荷風の愛したアリゾナ・キッチンは二〇一六年秋に閉店した。

NO.23

わが青春のゆりかご

北海道

金曜の午後羽田を発った。函館空港からバスで二〇分ほどで市街地へ。

「ああ、こわがった。東京はなんだかあずましくないもね」私と同じ年格好、六〇半ばを過ぎた、窓際に座っている品のいいご婦人が、「ああ、つかれた。東京は何だか落ち着かないね」と、海に語りかけ、私の方を振り返った。尻下がりの訛り言葉が、私を真綿のように優しく包み込む。

バスは函館山を正面に見ながら進む。

青く鈍色にくすんだ海に小雪が足場を失ったように舞っている。大森浜の石川啄木

の座像を一瞬横切る。五〇年以上前、この辺り一帯は、砂山であった。人を愛するこ
とも、人との別れも知らない幼い日だったが、その歌の甘い調べだけは覚えている。

砂山の砂に腹這い初恋の
いたみを遠くおもひ出づる日　啄木

北国の夕暮れは足早である。電停に立つと、ゆさゆさ揺れながら、この町の主役だ
とでも言いたげに、ちんちんと音を立てて市電がやって来る。外の寂しい暗さとは対
照的に、電車の中は明るく、誰もが知り合いのように会釈している。
ロープウェイで函館山の山頂へ四〇〇メートル。
遠くの低い山並みから月がゆっくりと上り始め、海峡に烏賊《いか》釣りの漁り火が点き始
めた。くびれた腰のような細い半島。街の灯りは、しばれる寒さに身を焦がす冬の蛍
達か。光は過去を錯綜するカクテル光線に変わった。
久しぶりの故郷の夜は寝つかれず、函館山から見た夜景が瞼の下で点滅した。
翌朝市電で五稜郭へ。新設されたタワーから、ヨーロッパの城郭都市をモデルとし

た五稜郭の城跡を一望。敗走を重ねた旧幕府軍は、最後の戦いの場としてこの地を選び、新政府樹立の夢を結ぼうとしたが、明治二年（一八六九）箱館戦争で壊滅した。東京、日野で農民の子として生まれ、新撰組と共に、幕末を駆け抜けた土方歳三《ひじかたとしぞう》もこの戦で死んだ。五稜郭の星は夢の紋章だ。

五稜郭の公園で遊んだ少年時代、新撰組は敵役、憧れの主役は勤王の志士、鞍馬天狗。時代はヒーローを変える。売店には土方歳三グッズが所狭しと並べてある。

箱舘戦争では、高松凌雲のことも記憶しておきたい。凌雲は、日本において赤十字の精神をもっとも早く体現した人物である。彼は幕府方の医師であったが、敵味方なく負傷者の治療にあたった。

函館は、コーヒー・西洋料理店・写真屋・上水道等多くのことが日本での発祥の地として称揚されているが、このことも忘れてはなるまい。

函館はまた、全国的に見ても女子教育にもっとも熱心な街であった。五稜郭の近くにある遺愛学院は、その草分け的存在。校内には国の重要文化財に指定された旧宣教師館（通称ホワイトハウス）があり、石坂洋次郎『若い人』の舞台でもある。

ポプラ並木を見ながら、日本で最初の女子修道院、湯川のトラピスチヌへ。

ここへ来たのは、小学校の遠足以来であろう。葉陰に咲く小さなスズランを摘んだ五月頃か。二日目の夜。修道院のバター飴をなめ、スズランの香りを思い出しながら寝床にはいると霧笛の音がした。何年ぶりだろう。私は指を組み手を合わせ、幼子の頃のように「おやすみのおいのり」をした。そして少年の頃のようにぐっすり寝た。

日曜日。泥臭さは消えたが、相変わらず市場の朝飯はうまい。早くに出て立待岬《たちまちみさき》の啄木一族の墓へ。墓碑の表面には「東海の小島の磯の白砂に　われ泣きぬれて蟹とたはむる」とある。裏側には、死ぬ時は函館で死にたいという手紙の一節が記されている。津軽海峡を渡る時、函館山は小島のように見える。本州の人の歌だ。函館は異郷の人から愛された。東京で死んだ啄木の遺骨は、彼の思い通りにここで眠る。

国後《くなしり》・択捉《えとろふ》航路を開拓した高田屋嘉兵衛の像を下に見ながら、函館公園を横切り、函館山の中腹の道を、元町方向に歩いていると、ちょうど午前一〇時、ガンガン寺の鐘の音が聞こえた。ハリストス正教会の鐘だ。

聖ヨハネ教会・カトリック元町教会・中華会館・旧イギリス領事館等、教会や洋館が並ぶこの辺りは、明治初年の開化期、人々が文明への憧れに思いをはせた坂道だ。ギリシャ様式を取り入れた和洋折衷の旧函館公会堂のベランダに上がり、港を見ると、坂の下は、煉瓦造りの倉庫群、そして波の光る静かな湾が横たわる。ペリー提督と共にやって来た乗組員は、函館を「世界で最も美しく、最も安全な港」と記した。

懐かしい青函連絡船が見えた。連絡船は昭和六三年（一九八八）三月、青函トンネルの開通によりその役目を終えた。その桟橋は、今、青函連絡船記念館となり、摩周丸が元の桟橋に係留されている。

私は少年時代、夕暮の散歩には必ずこゝを選んだ。その頃は外国貿易も盛んだったので、各国の船がいつも二三艘は碇泊してゐた。私はこの桟橋の手すりにもたれたまゝ、それら船体の美しい色彩や、国旗や信号旗の色さまざまにひらめくを、倦かず眺めたものである。少年の異国への夢をはげしく唆《そそ》つたのも、この桟橋の風景であった。

（『函館八景』亀井勝一郎）

帰りの飛行機まで時間があった。摩周丸の三階で、バラの花のジャムを添えたロシアンティーを飲みながら夕暮れを待った。
目を閉じ微睡《まどろ》むと、耳元で銅鑼が鳴り、デッキに色とりどりのテープが絡む。担ぎ屋のおばさんが、大きな荷物を背負ってタラップを上がる。三等船室はみんなごろ寝だ。円い窓から函館が消えてゆく。当時の時刻表によれば、青函連絡船の最終便は、函館発一九時四五分。青森着二三時三五分。急行八甲田青森発〇時〇二分。上野着は翌朝一一時一〇分。約一六時間である（二〇一六年三月二六日に新函館までの新幹線が開業した。今は約五時間三〇分で東京から行くことができる。将来はさらに一時間ほど短縮し、東京と函館の間は四時間ほどになる）。

茜色に染まった夕焼けが湾内に広がり、遠い思い出にひたる私を呼び覚ますように鴎が鳴いた。今日の最終便は、函館空港発一九時三五分、羽田着二一時〇五分。過去から現在への旅はあまりに短い。人は故郷を青春の墓場と呼ぶが、私の故郷は夢を語り続ける青春のゆりかごだ。

〔『明日の友』二〇一〇年二月一八四号〕

第4章

いのりの海へ

NO.24

咸臨丸を支えた人々

神奈川ほか

京浜急行浦賀駅からバスで一〇分、深く入りくんだ浦賀の湾を一望する愛宕山《あたごやま》公園の中ほどまで、急な階段を上がると、咸臨丸出港の碑があり、対岸の東叶《ひがしかのう》神社には、勝海舟が咸臨丸の航海の無事をいのり、大願成就のために断食をした跡がある。浦賀は近代日本の夜明けを告げる史蹟にあふれた町である。

安政七年（一八六〇年・この年三月に万延と改元）一月、江戸幕府は安政五年（一八五八）に結んだ日米修好通商条約の批准書交換のため、アメリカの軍艦ポーハタン号で小栗《おぐり》上野介《こうずけのすけ》忠順《ただまさ》ら使節団をワシントンに送った。

咸臨丸は、サンフランシスコまでのその護衛随行と遠洋航海の技術訓練を目的とした幕府の軍艦である。鎖国以来、日本の船が正式に外国を訪問した最初のできごとであった。

咸臨丸は長く閉ざされた海外への日本人の夢を乗せて浦賀を出港したのである。愛宕山公園の「咸臨丸出港の碑」と記された碑の裏側に乗組員九六人の名前が刻まれている。

上段には、艦長であった勝麟太郎（海舟）をはじめ、福沢諭吉、通訳の中浜万次郎（ジョン万次郎）等二六人、この後きらびやかに歴史の表舞台で活躍した人達の姓名が挙がっている。

一方、下段には、名字のない名前のみの、兵吉・仁作・吉松・九平といった、七〇人の名前が挙がっている。歴史の表舞台に立つことなく、火焚・鍛冶・大工・水夫として咸臨丸を動かした人達である。

三七日間の咸臨丸のサンフランシスコへの航海は、折からの季節風による暴風雨の影響もあり、きわめて苛酷なものであった。艦長勝麟太郎は船酔いのためほとんど甲板に出ることさえできず、同乗したアメリカの船長ブルック大尉の指導の下で太平洋の荒波を乗り切ったという。

二一発の祝砲で日本人一行を迎えたサンフランシスコは歓迎一色に染まった。一行は、初めて見る灯台やガス灯、石畳、ガラスのショウウインドウに目を見張り、魔術のような蒸気機関車やミシン、マッチに驚嘆し、飲み物の上に季節はずれの氷の浮いているのに肝をつぶし、ワインやビール、そしてラムネにまで酔いしれた。

福沢諭吉とジョン万次郎はこの時、ウェブスターの英語辞書を購入している。これは威風堂々とした日本人の振るまいと共に、サンフランシスコ市民の驚きでもあった。

しかし彼の地で日本人一行が何よりも驚いたのは、「木こりの息子でも大統領になれる」という自由の空気であった。日本人はここで初めて「平等」という言葉を知ったのである。

サンフランシスコで咸臨丸の足跡を訪ねた。坂の多いこの町には市民運動によって、今も路面のケーブルカーが残され、環境に配慮された歴史保存が息づいている。市街地から車で西に約一〇キロ、リンカーン・パークに「咸臨丸入港百年記念碑」がある。入港記念碑は、背後に入り江になった湾にかかるゴールデンゲートブリッジを見る丘の上に、浦賀の出港記念碑とちょうど向かい合わせになるように建てられている。

ダウンタウンから、南へハイウェイを約二〇キロ、都市計画によって墓地・霊園が集められたコルマの町に日本人共同墓地がある。この地で亡くなった日系の人々の墓地である。この中に咸臨丸で亡くなった三人の墓が並んで建っている。いずれも、浦賀の記念碑の下段に、名前のみ記されていた男達である。

左側と右側の墓は同型で、表面に勝海舟が記したとされる漢字で、「日本海軍咸臨丸之水夫　讃岐国塩飽《しわく》　佐柳嶋《さなぎ》　富蔵墓」・「日本海軍咸臨丸之水夫　讃岐塩飽　広島青木浦　源之助墓　二十五才」とあり、共に塩飽諸島の水夫であったことがわかる。また、裏面には、いささか不明瞭な英文字で「TOMI-TZO」・「GIN-NO-SKI」とあり、共に一八六〇年、源之助は三月二三日、富蔵は三〇日に亡くなったと記している。中央の半円形の少し大きな墓には、表に英文で「ME-NAY-KEE-TCHEE」とあり、一八六〇年五月二〇日に亡くなり、日本関係の商社を経営していた市民、チャールズ・ブルックによって墓が建てられたとあり、裏面には「安政七歳　五月晦日　日本九州長崎籠町蒸気方　峰吉」とある。

三月一八日に咸臨丸は到着し、その直後に富蔵と源之助は亡くなったのである。また咸臨丸は五月九日に出航しているから、峰吉は、咸臨丸出航後に死んだのである。〈平等〉の大切さを知っていたサンフランシスコの市民に、時代を越えて感謝せねばなるまい。立派な墓は、それを物語る。

この他、重傷で療養を余儀なくされた水夫・火焚等六人（九月、日本、箱舘に帰還）と看護世話人二人がサンフランシスコの海員病院に残った。

荒海を行く咸臨丸の船底で黙々と釜を燃やし、帆柱を必死で守り通した、名字なき彼らの労働が、日本の夜明けを早め、そして彼らの命を縮めたのであろう。

アメリカから帰った咸臨丸を迎えた日本では開国から攘夷へと世論が変わっていた。

帰国歓迎の祝砲は鳴らぬどころか、彼らを待っていたのは冷たい視線であったという。

コルマの共同墓地には塵一つなかった。三人の墓の前で、丁寧に清掃されていた日本人の墓守りの方に偶然お会いした。

「咸臨丸の乗組員だった人のお墓には時々日本からもお参りに見えますよ。日本にもアメリカにも、そしてこの国にやってきた日本人にとっても大切な人ですね。富蔵の墓は瀬戸内海の佐柳島にもあるそうです」と語った口調は静かに落ち着いていた。

夏休みに佐柳島を訪ねた。香川県多度津から朝六時五五分の定期便で佐柳島に渡り、桟橋から一〇分ほど歩く墓前には、誰かが手向けた、真新しい花があった。墓碑には「萬延元年申三月十日　行年廿七才　俗名富造」とある。没した日、また富造とあるのも、コルマの墓地と異なるが、富蔵の墓であろう。そして、墓の片面には「和去唐卒」とある。日本を去り、唐即ち当時の異国の地で亡くなったという意味であろう。

富蔵の墓の隣には、共に太平洋を越え、帰国後坂本龍馬の海援隊に参加した高次（明治二四年没）と妻、ミツの墓がある。

塩飽は、古来勇猛な水軍を輩出した土地である。墓の向こうに広がる瀬戸内海、塩飽諸島の緑と海の青さが目にしみ、浦賀・サンフランシスコと同じ潮の香りがする。

帰路、瀬戸の島々を縫うように進む定期便から、自由と平等の空気を胸一杯に吸い込んだ、誇り高き若者達の勇姿に彼らのいのりが重なる。

〔『明日の友』二〇〇六年一〇月一六四号〕

NO.25

三浦文学の聖地　旭川

北海道

旭川駅に着くと、「北海道」そのものといったたくましい男性、Sさんが出迎えてくれた。

「まず見本林ですね。小さいころよく遠足に行ったものです」

三浦綾子記念文学館のある外国樹種見本林は、昭和三九年（一九六四）、朝日新聞の懸賞小説として入選し、戦後最大のベストセラーとなった『氷点』の舞台。この時、夫三浦光世氏は営林署勤務のサラリーマン。綾子は、雑貨店を切り盛りする四二歳の平凡な主婦であった。爾来、三五年間、二人は、小説という文芸手段によって、キリストの愛を人々に伝えた。その作品は、今、一八カ国で刊行され感動を呼び続ける。

綾子が七七歳で亡くなった平成一一年の前年、平成一〇年（一九九八）、旭川市民を始め、多くの読者によってこの記念館は建てられた。見本林は三浦文学の聖地である。

書きながら、人間の社会はなぜこんなにも幸福になりにくいのか、一体その原因は何かと考える時、やはり教会で教えられている罪の問題に、つき当らずにはいられなかった。この、罪の問題を、クリスチャンとして訴えねばならぬと思った。「訴えねばならぬ」というこの使命感がなければ、わたしはあのまま書き通すことはできなかったにちがいない。

（『この土の器をも　道ありき第二部　結婚編』）

玄関ホールの綾子の写真の前で三浦光世氏が静かに、旧約聖書（詩篇一一九編七一節）のみことばを語る。

「苦しみがあってよかったと思います。苦しみや痛みがなければ神様を求めることもなかったでしょう。私も綾子も体が弱く全身が苦痛と痛みの中にありましたからね。旧約聖書にも『私が苦しみに遭ったのはよかった。それによって神の掟を学ぶことができた』とありますね。『氷点』を始め、綾子の書いたものは、苦しみの中から生まれたものへの救いを伝えているんです」

光世氏は、八〇歳を超えた今も、講演でこのことを語り続けている。氏は三浦綾子が亡くなった翌日、「天国の妻思い手記」と題した一文を寄せ、その一節に「綾子は私との結婚後も、幾多の病気という苦難に遭いながら忍びぬいてきた。その忍耐力は本当に人並みすぐれたものであったと思う。人生、苦難に遭わないことが良いのではなくて、苦難を克服することが大事であると言われているが、綾子はその苦難を実によく克服してきた。それが、綾子の書いた作品を読んで下さる人たちの感動となり、希望となっているのだと思う。」（『北海道新聞』一九九九年一〇月一四日付）と記している。

二階に上がると図書コーナーに「想い出ノート」があった。訪れた人の熱い思いがそこから伝わる。ノートはすでに一〇〇冊を超えたという。開館以来一〇年間でこれだけのノートのある文学館はない。「こんな私を育ててくれたあらゆる人に感謝します。綾子さんに出会えたことに感謝します。ありがとうございました。心が辛くなったら、また会いに来ます」。どこの誰とも記されてはいないノートの一節である。三浦文学は「痛み」の連帯が、強い希望と感謝に生まれ変わることを教えている。

林の中の清楚に毅然とした記念館を後に、私達は塩狩峠に向かった。車は透明な冷気を吸い込むように、国道を北へ。白樺の林の中に綾子の雑貨店の店先を復元した塩狩峠記念館が見えてきた。奥の部屋で、新婚の綾子は蒲団をかぶりインクを凍らせながら小説を書き、後には、光世氏の口述筆記で作品が次々と世に出たのである。

小説『塩狩峠』は、明治四二年（一九〇九）二月二八日の夜、汽車が峠の急勾配にさしかかった時、最後尾の客車の連結器が外れ逆降、暴走した際に、当時鉄道院職員であった長野政雄が自ら車輪の下敷きになって汽車を止め乗客の命を救った事実をもとに書かれたものである。『氷点』に出会ったのは、陽子を内藤洋子が演じた連続テレビドラマ小説であったが、私が初めて三浦綾子の小説に出会ったのはこの『塩狩峠』である。誰かが遠くで「忘れてはいけないよ」とささやきかけてくるような作品である。小さな駅のすぐ側に、「長野政雄殉職の地」と記す顕彰碑が建っていた。二月二八日、この地でアイスキャンドルの灯がともるそうだ。

「寒いだろなあ」と私。「この辺は市街地よりもっとしばれるね」と言いながら、Sさんが、「クリスマスの頃、ナナカマドの赤い実に白い綿帽子のように雪が積もりきれいですよ。それを小鳥のキレンジャクが啄みにやって来るんですよ」とナナカマドの木を指さした。私は北の大地の命が小さな赤い実に息づいているような気がした。

「さあ、おいしい旭川ラーメンの店に行きましょう」とSさん。

翌朝は、桜と紅葉の名所、神居古潭《かむいこたん》と、人気の旭山動物園。水中を通る透明なアクリル通路から上を見上げると、ペンギンが青空を飛んでいる。アザラシが目の前で縦になりながら透明な水路を泳ぎ回り、こちらに話しかけるように止まる?と、私も子供達と一緒に歓声を上げていた。大きなドームの中では鳥達が子供達とふれあいながら自由に飛び回る。「他の動物園では羽を切り飼育しますが、ここでは羽を切らずに飼育しています。羽を切らずに自由にしておいた方が、鳥は人間に安心して近づいてくるんですよ」と、園の方。人間と動物の信頼感が、少ない予算規模の市立の動物園を日本でもっとも注目される動物園に押し上げたのである。

出発の飛行機までの時間、美瑛に車を走らせる。どこまでもまっすぐの道。見渡す限りに広がる平原。広大な自然が育む生きることへの愛の恵みを思う。

大地のいのりがこの地に鼓動している。「愛は寛容である」と聖書の一節が浮かんで来るような光景であった。

夕焼けに、冠雪の山並みが赤く染まっている。

「また来てくださいよ」とSさん。がっしりとした北海道のような手が、私を握った。

〔『明日の友』二〇〇八年一二月一七七号〕

追記…記念館を案内していただいた三浦光世氏は二〇一四年一〇月九〇歳で亡くなった。黙祷。

■三浦綾子記念文学館―旭川市神楽7条8丁目2・15―☎0166・69・2626
■旭川市旭山動物園―旭川市東旭川町倉沼―☎0166・36・1104

NO.26

終わりなき いのりの地

長崎

先日、読者の集いで以前長崎に住んでいたご婦人から、「今度のたまさか紀行は長崎だそうですね」と、声をかけていただいた。私が、聞きかじりの知識で「ドロそうめんというのはどんなものですか」とお聞きすると、「外海《そとめ》のド・ロ様そうめんですね。家でよく食べましたよ」と教えてくださった。

今、私はドロ等と、呼び捨てにした軽率を恥じている。

マルコ・マリ・ド・ロ神父は、長崎市外海町で、現在も百数十年前と同じように慕われ、ド・ロ様と親しみこめて呼ばれている。ド・ロ神父は、天保一一年（一八四〇）

フランスの貴族の家に生まれ、二〇代の若さで来日、明治一二年（一八七九年）外海の出津《しつ》に宣教師として赴任し、私財をなげうち、この地方の開拓と福祉事業に一身をささげ、大正三年（一九一四）七四歳でこの地で亡くなった。貧しい土地をフランス農法で耕し、イワシ漁を推進し、女性達の自立を助けた救助院や保育所、孤児院を創設し、「ド・ロ様薬はよく効く」と言われた診療所を作り、多くの教会建設を援助、パンやマカロニ等の製造技術を伝授した。

ド・ロ様そうめんはその一つ。

長崎市内からバスで約一時間、出津文化村に着く。バス停の近くの食堂のド・ロ様そうめんで昼食。ちょっと太めの、パスタ感覚の新鮮な食感である。

坂を上がると、踏絵やマリア観音を始めキリシタンの苦難の歴史を展示した外海歴史民俗資料館。裏手には、ド・ロ神父の業績を伝える、旧出津救助院、石組みの塀に囲まれたマカロニ工場跡、イワシ網工場跡のド・ロ神父記念館がある。

記念館からシスターのひくオルガンが聞こえる。オルガンはド・ロ様がフランスから取り寄せたもの。

「どうぞご一緒に賛美歌を」とシスターに誘われて、久しぶりに歌った。

「いつくしみ深き友なるイエスは　つみとがうれいを取り去りたもう……」

老母にも似たシスターの歌声が、遠い故郷のゆりかごをゆらすように、胸一杯に広がった。

小道を上がると、ド・ロ様が設計・施工したカトリック出津教会、白く端正な教会堂が青い海に映えている。

バス停に戻る丘の上に、遠藤周作の名作『沈黙』を記念した「沈黙の碑」が、海を背にして建てられ、「人間がこんなに哀しいのに　主よ海があまりに碧いのです」と刻まれている。果てしなく広がる大海原、遥か向こうには五島列島がかすんで見える。受難の信徒達が故郷を離れ、新たな信仰の地を求めて五島に渡った。しかしそこも安息の地ではなかった。そしてまた、この海の向こうから、信仰のまことを信じる人達の救済に、何人もの宣教師達が異国からやって来た。『沈黙』は、〈踏絵〉を前にした人間の弱さとは、そして強き信仰とは何か、神とは何かを問うている。

その時、踏むがいいと銅版のあの人は司祭にむかって言った。踏むがいい。お前の足の痛さをこの私が一番よく知っている。(『沈黙』)

『沈黙』は、沈黙してはいない。この作品から聞こえるのは〈沈黙の声〉、神の声である。夕暮れを急ぐ碧い海原から〈あの人〉の風が草の葉を揺らし、眼下の岬に白い「遠藤周作記念館」が見えている。

『沈黙』の舞台となった外海(小説ではトモギ村)に文学館が建てられたのは、平成一二年(二〇〇〇)五月。今も年間三万人以上の人がここを訪れる。多くの文学館を見てきたが、もっとも安らぎを感じる美しい文学館である。遠藤周作の思い出深い遺品が並ぶ中に、生涯の親友であり、遠藤と共に昭和二五年にフランスへ留学し、『沈黙』取材旅行にも同行した井上洋治神父の若い頃の写真も展示されている。

文学館で紹介していただいた宿に泊まると、おかみさんからカトリック黒崎教会でのミサに誘われた。白いベールの婦人達が静かにいのり、いがぐり頭の少年がローソクの灯をともす。大きな優しさに抱かれるようないのりの時であった。キリシタン復活後、この地方から二人の枢機卿が誕生している。朝六時、ミサが終わると赤い煉瓦造りの教会から静かな海辺の町に鐘が鳴った。

教会の脇の山道を三〇分程登ると、隠れキリシタンの聖地として崇敬されてきたサン・ジワン枯松神社がある。サン・ジワンは、一七世紀半ば隠れキリシタンの中心人物であったバスチャンなる日本人伝道師に、教会暦を教え、海上を歩いて去ったという宣教師である。神社への急坂の参道の脇には、オラシオの岩と呼ばれるいのりの場がある。バスチャンは、どこでもキリシタンの歌を大声で歌って歩けるようになると言った予言者である。

ボランティアの方の案内で野道のキリシタン墓地に向かう。急な傾斜地に十字架の墓地が並び、中腹にはド・ロ神父の墓がある。さらに上段には、平たい石を箱形に積んだ古い墓碑が数十も並ぶ。禁教時代の潜伏期のものもあるという。胸の底が暗く重くなる。いのりながら私は今の自由の尊さを痛烈に感じた。

サンセットオーシャン二〇二と呼ばれる、夕陽の美しい海岸を過ぎて長崎市街地に戻る。夕陽は厚い雲に覆われていた。
飛行機までの時間、浦上天主堂から原爆の爆心地のある平和公園までの道をゆっくり歩く。迫害そして戦争。残酷な歴史の傷跡は、今の時代に平和とは何かを真摯に問うている。長崎への旅は、いのりの重さと深さを私に問いかけて終わりがない。

〔『明日の友』二〇〇七年八月一六九号〕

■遠藤周作文学館―長崎市東志津町77―☎0959・37・6011
■長崎市ド・ロ神父記念館―長崎市西出津町2633―☎0959・25・1081

香川

NO.27

安らぎと鎮魂の島 小豆島

えくぼのような島である。にっこり笑った幼な子のほっぺたに浮かんだえくぼに似ている。光り輝くさざ波は青く透きとおり、瀬戸の海は慈しみに満ちた母を思い出させる。海からの風がオリーブの葉の間をそよぎ、幼な子のほほをなで、春になれば、坂道を行くお遍路さんの鈴音が子守歌のように聞こえるそうだ。

二泊三日で小豆島を訪ねた。春の訪れにはまだだいぶ間があったが、小豆島が私にもたらしたものは、春風のような優しい時間であった。

毎日のようにつらく悲しいいじめの問題が新聞紙上に取り上げられ、国会では騒然と教育基本法改正が論議されている。教育の原点を見つめなおしてみたいと思いながら、久しぶりに壺井栄の『二十四の瞳』を読み返した。

高松より高速船で約三〇分、土庄《とのしょう》港のターミナルのすぐ側の広場に、大石先生と一二人の子供達のブロンズ「平和の群像」がある。高峰秀子主演の映画が封切られたのは、昭和二九年（一九五四）。北国の小学生であった私は、神社の境内の青空映画会でこの映画を見た。いくつもの小さな港町を過ぎて、醤油の香り豊かな「醤《ひしお》の郷《さと》」と呼ばれる地域を抜け、岬を進んでいくと、島の西のはずれに、小説の舞台になった田浦分校（岬の分教場）が昭和四六年（一九七一）の廃校後もそのまま保存されている。当時の小さな机と椅子、オルガン。椅子にそっと座ってみた。

そこから、すぐの海岸沿いに、昭和初期の小さな村を再現した「二十四の瞳映画村」がある。昭和六二年（一九八七）、田中裕子主演で再映画化された際のオープンセットである。ボンネットバスの周りを見学に来た小学生の子供達が走り回っている。黒板には、時間割が記され、オルガンは、「ミカンの花咲く丘」を奏でている。

時間が止まり、私は、思い出すことさえも忘れていたような小学校の校歌を口ずさんだ。今も『二十四の瞳』が語りかけているのは、平和への深い思いである。

母となった大石先生と、息子の大吉の会話である。

「なああ大吉、おかあさんはやっぱり大吉をただの人間になってもらいたいと思うな。名誉の戦死なんて、一軒にひとりでたくさんじゃないか。死んだら、もとも子もありゃしないもん。おかあさんがいっしょうけんめいにそだててきたのに、大吉ァそない戦死したいの。おかあさんが毎日泣きの涙でくらしてもえいの？」

「そしたらおかあさん、靖国の母になれんじゃないか。」

これこそ君に忠であり親に孝だと信じているのだ。それでは話にならなかった。

「ああ、このうえまだ靖国の母にしたいの、このおかあさんを。『靖国』は妻だけでたくさんでないか。」

春になれば、この校舎の庭には、菜の花がいっぱいに咲くそうだ。海の青さと黄色い花は追憶を美しく飾るに違いない。美しければ美しいだけ、この島が私達に語りかける平和への希求は深く強いいのりになる。

小豆島は安らぎと共に癒される、鎮魂の島でもある。人は多くの荷を沈黙したその肩に負いながら、それぞれの人生を歩んでいる。その重荷に向き合い、解きほぐしながら、弘法大師と共に歩む「同行二人」の道がお遍路である。多くのお遍路さんがこの島を訪れ、そしてまた、お遍路さんを迎える「お接待」が今もこの島には残っている。今風の言葉で言えば、ボランティア精神であろう。

小さな札所（霊場）で、お遍路さんの世話をしているというおばあさんに出会った。

「八〇を超えましたよ。今はひとり身ですからずっとお世話させてもらっていますよ」

「八十八箇所を回るのに何日ほどでしょうね」

「四国八十八箇所は三カ月余りもかかるそうですが、島遍路はだいたい一週間ですね。車の方も多いですよ。車だと四日ほどのようですね」

「お遍路さんも昔と変わったでしょうね」

「昔はね、お遍路さんからお豆や、金平糖を子供達がもらおうとついて回ったものですが、今はそんなことありませんからね。でもね、昔も今も変わりませんよ。お遍路さんはみんな優しくていい人ですからね。春が待ち遠しいね」

おばあさんの肩越しに、オリーブの葉音がして、海が風に光っていた。子授け、縁結び、眼病等に効果のあるという札所も随所にある。国の記念物にもなっている大蘇鉄や四月下旬の頃には淡墨桜、紅枝しだれ桜、大島桜、稚児桜等の咲く札所をめぐるのも楽しいという。

苗羽《のうま》のバス停から、曲がりくねった山道を登り、洞雲山の杉の大木の一番札所から、二番札所の碁石山に向かった。一〇〇以上もの赤前だれの野仏地蔵の並ぶ坂道を行きすぎ、一二〇の階段を上がり鎖場を登りつめると、不意に、まさに天空から見下ろすかのように弧岩の上から不動明王が私を迎えた。

怒りの不動の顔ではない。よう来た、よう来たと微笑んでいる。西には内海が見え、四国の山並みが薄紅の紫雲に浮かぶ。夕陽が沈みかけていた。

夜は、海辺の露天風呂のオリーブ温泉に入った。波に黒く影を落とすのは屋島、海を照らす満月に引き込まれそうになった。

帰路、出港までに少し時間があったので、土庄の港のすぐ側にある南郷庵の尾崎放《ほう》哉《さい》記念館を訪ねた。放哉は「せきをしてもひとり」等の句で知られ、種田山頭火《さんとうか》と並び称される放浪の俳人。東京帝国大学卒、保険会社の支配人のエリートの地位と家族・財産のすべてを捨て、この島で、札所南郷庵の堂守として生涯を終えた。庵の裏手の墓地に「大空放哉居士」として葬られている。遺吟「いれものがない両手でうける」の句碑が庭にあった。彼の孤独に安堵の地を与えたのもこの島である。

帰ってオリーブの実を浮かせながら名産のそうめんを食べた。いつの日にか、春の小豆島をお遍路したいものだ。

〔『明日の友』二〇〇七年二月一六六号〕

■二十四の瞳映画村―香川県小豆郡小豆島町田浦甲931―☎0879・82・2455

NO.28

「自由への足跡」をたどる

長野

長野新幹線で上野から上田まで約一八五キロを約一時間半。上田から別所温泉まで、約一二キロを約三〇分。千曲川を渡ると時間の流れがかわり、浅間山を背に、上田電鉄のレトロな丸窓電車がゆっくりと塩田平を行く。

別所温泉は見所すべてを足で回れる小さな町。駅からゆるやかな坂道を登って温泉街まで一五分。宿に荷物を置いて、木曾義仲ゆかりの共同湯（大湯）で一風呂浴びる。明治の文豪、田山花袋《かたい》は大の温泉通でもあり、「別所温泉は、中でもすぐれた温泉場としては一番きこえている。かつその持った歴史も旧く、効能も大にあるというこ

とである」（『温泉めぐり』）と、記している。

「今日の湯は少し濁っているね。ナマズがどこかで騒いでいるかな」と、九〇歳を超えたというおじいさん。流れる湯船の音と、浅間山噴火の話は尽きることがない。

香りの強い手打ちのざる蕎麦とビールで、湯上がりのほてった体を冷やして昼食。

蕎麦屋から歩いてすぐに常楽寺。本堂裏の鬱蒼とした森の中に、重要文化財の石造多宝塔がある。この地が約七〇〇年前、鎌倉文化の拠点として大いなる繁栄をしたことの証でもある。

サルスベリの小道と名付けられた山道を行くと、戦前、国会議員として唯一人、治安維持法改正に反対を唱え、暗殺された、山本宣治《やまもとせんじ》の記念碑がある。碑は、昭和五年（一九三〇）建立後、弾圧され、密かに旅館の庭に埋められて破壊を免れ、再建された。碑にはこの地の自由への強い意志が刻まれている。

数分で安楽寺山門。本堂から急な山道を五分ほど行くと、林の間から、鎌倉時代末建造の国宝八角三重塔が見えてくる。一見四重に見えるが、初層は庇《ひさし》。大地に根をしっかり張った重厚な塔が天空をさす。

温泉街へ下って、土産物屋が軒を並べる参道から北向観音《きたむき》へ。長野善光寺で未来往生を、ここで現世利益を祈願すると、その願いが叶うとされ、多くの参詣者で賑わう。夕暮れに時間があった。宿への途中で足湯に浸ると、空に一番星が見えてきた。

翌朝、無言館へ。無言館には、日中戦争・太平洋戦争で、卒業後もしくは在学中、戦地に駆り出され戦死した画学生の遺作や遺品が、約三〇〇点展示されている。

愛する者達を描く絵が抑えた照明の中で浮かび上がる。恋人の裸婦像には、「あと五分、あと一〇分。この絵を描き続けていたい。外では出征兵士を送る日の丸の小旗がふられている。生きて帰って来たら、必ずこの絵の続きを描くから……」等と添え書きが記される。

「もちろん戦争への嫌悪がありますが、そればかりではなく表現するはかなさや強さを絵の中から感じてもらいたいですね。芸術が人間の内面を見つめる力をですね」と、長身の窪島誠一郎氏が私に語りかける。自殺未遂の後、父母と口を利かなかった女性が、数時間これらの絵を見たあと、「明日からがんばる」と口を利いたという、氏の著書（『無言館ノオト』）の挿話も話に重なる。

建坪一〇〇坪ほど、コンクリート打ち放しの平屋建ての小さな美術館。上から見ると十字架の形をした建物の上に雲。室生犀星の詩が浮かんだ。

信濃のくにの雲は／いつも小鳥のやうに迅《はや》く／こまかく／ちぎれて飛んだ／ちぎれたものは鶺鴒《せきれい》の黄ろい翼をいろどり／樫鳥《かしどり》の夕焼色の腹にも似／また小雀《こがら》のやうに立つて消えた。／誰がそれを記憶しよう。／消えた翼のいろの／あるかないかの梢のあたりに／誰かその思ひをつづることだらう。（「雲」）

電車にゆられながら、小鳥達にも似た、はかなく、強い、若き画学生の思いを引き継ぎ、記憶することの大切さを思う。

上田から、しなの鉄道で海野宿《うんのじゅく》。海野は六五〇メートルほどの北国街道の宿場。清冽な水路を挟み、明治・大正期には養蚕の村としても栄えた。江戸時代の旅籠屋造りと堅牢な養蚕農家の造りがよく調和し、日本の道百選にも撰ばれた、時代を記憶する宿場である。

海野宿から雷電為右衛門《らいでんためえもん》の生家跡に立ち寄る。雷電は、文化八年（一八一一）四五歳で引退するまでの二一年間、勝率九割五分を超えた史上最強の大関として、相撲好きにはよく知られた人物。その強さばかりではなく、歴史資料としても価値のある日記や、覚え帳等を残す教養人としても評価が高い。雷電はまさしく文武両道の達人であった。周辺にはその魅力を語り継ぐ史跡が多く残されているが、生家跡もその一つで土間に土俵がしつらえてある。

小諸へ出て、小諸義塾記念館へ。小諸義塾は、明治二六年（一八九三）創設。この記念館は、当時のままの本館校舎。創始者は、木村熊二。熊二は、明治初年アメリカへ留学、ここにキリスト教と自由教育の種を蒔いた。

熊二は、明治一八年（一八八五）に創立された明治女学校初代校長。熊二の精神を引き継いだのが二代校長巌本善治《いわもとよしはる》、そして巌本善治の影響を受けた羽仁もと子が明治女学校高等科に入学したのは明治二四年（一八九一）だった。

島崎藤村が明治女学校の教師となったのは、明治二五年（一八九二）。また、明治二八年（一八九五）に明治女学校を辞し、彼が洗礼を受け、「われらの父」と敬慕した木村熊二を頼り、小諸義塾の教師となったのは明治三二年（一八九九）。藤村は、「私達の教員室は旧士族の屋敷跡に近くて、松林を隔てて深い谷底を流れる千曲川の音を聞くことが出来る。」（『千曲川のスケッチ』）と思い出を語る。

記念館から、坂道を下る中棚《なかたな》温泉。そこに熊二の書斎、水明楼が当時の姿を残す。藤村は「水明楼へ来る度に、私は先生の好く整理した書斎を見るのを楽しみにする。それればかりではない、千曲川の眺望はその楼上の欄《てすり》に倚りながら、恣《ほしいまま》に賞することが出来る」（前掲）と記す。

水明楼の二階から見る千曲川のゆったりした流れは、明治の自由な教育に燃えた青年達のいのりの行く末を見ているようでもあった。

〔『明日の友』二〇〇九年六月一八〇号〕

■無言館―上田市古安曽山王山3462―☎0268・37・1650

■小諸市立小諸義塾記念館―小諸市古城2丁目1・8―☎0267・24・0985

NO.29

平和をいのる優しい旅

山口

瀬戸内海に浮かぶ大津島の波止場を降りると、「ようこそ回天の島」と大きな看板が飛び込んできた。

大津島は、太平洋戦争末期に、神風特攻隊等と同じく、日本軍の特攻兵器として開発された人間魚雷「回天」の訓練基地があったことで知られている。

「回天」は、人間が乗る大型魚雷の特攻兵器、全長一四・七五メートル、直径一メートルの筒状の魚雷に一人乗りの空間を設けたもの。停泊中や航行中の艦船等に体当た

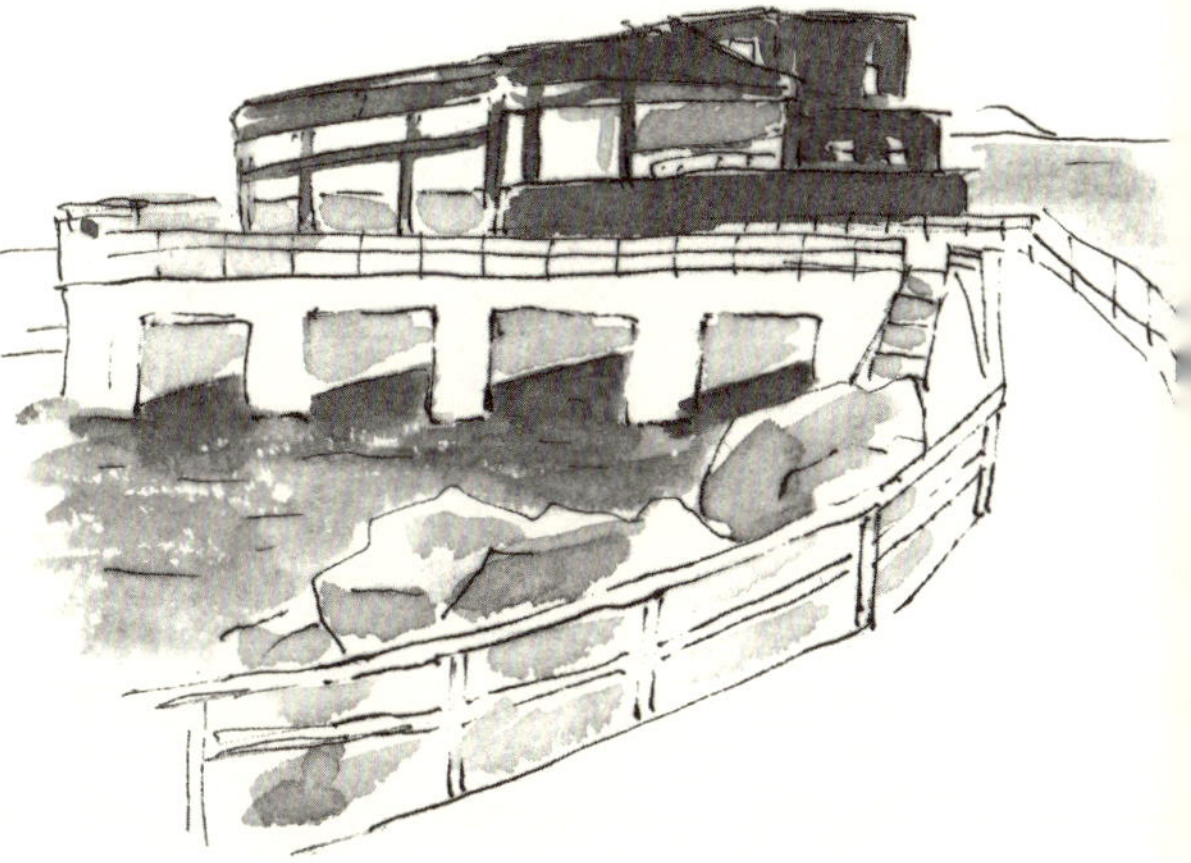

り攻撃を加えた。「必死」を前提とした十死零生の作戦である。回天は、「天を回らし戦局を逆転」の願いを込めた意味。

作戦は、昭和一九年（一九四四）七月一〇日から、終戦まで遂行された。訓練を受けた回天搭乗員は一三七五名。兵学校・機関学校・予備学生・予科練出身者等、一七歳から二八歳の強い意志と強健な肉体そして冷静な判断力を有する頭脳明晰な若者が選出された。内、実際に出撃戦死した者は八七名、訓練中殉職者一五名、終戦時の自決者二名、戦没者は整備員等を含めると一四五名だ。

戦死者の平均年齢は二一・一歳であった。

回天記念館は、以前の記念館が老朽化したため整備され、平成一〇年からは、周南市教育委員会が、現在は市が管理運営する平和学習施設だ。出撃した隊員の遺影、遺品等が展示されている。

昭和二〇年（一九四五）一月一二日に大津島から出撃し、北太平洋西部グアムで回天に乗り、戦死した本井文哉さん一九歳が、弟文昭さん五歳に書き残した手紙が展示されていた。全文カタカナ、死の二日前に弟の絵を見ながら書いたものだ。

（前略）フミアキハ　オヂイサマ　オトウサマ　オカアサマオネイサマノオシャルコトヲヨクキイテ　ヨイコニナラネバナリマセン。ヨクベンキョウシテ　ツヨイコニナッテクダサイ　ソレガニイサンノカタキウチニナルノデス。コノコトハフミアキガオオキクナッタラワカリマス。ソレマデハ　ケシテビヤウキナンカニカヽラヌヨウニカラダニキヲツケテクダサイ。ニイサンハイマ　フミアキガカイテクレタ　ヒコウキトグンカントセンシャノエヲミテイマス。モウニイサンハフミアキニテガミヲアゲラレナイケレドモ　フミアキハサビシガラナイデクダサイ
（中略）フミアキ　サヤウナラ　ニイサンヨリ　フミアキサマへ。

現在アメリカで公認会計士として活躍している文昭さんと妹の昌さん（当時一七歳）が遺品を携え記念館を訪れた時のことを松本紀是《としゆき》館長が話してくれた。
「文哉さんは、出撃の二〇日前に新潟の実家に帰ったそうです。出撃のことは何も語らなかったそうですが、昌さんが、『今度いつ帰るの』と聞くと、文哉さんは『中尉かな、大尉かな』と語ったそうです。昌さんは戦死による昇進を意味していると何と

なく察し、家を出る兄の足にしがみついて泣いたそうです。手紙は終戦後に届き、幼い文昭さんはゆっくりたどりながら読んで泣いたそうですよ」

館長がおもく言葉を継いだ。

「家族を守ろうとして死んだんですよ。若い人には時間を大切にしてほしいですね。戦争は絶対にしてはならない。戦争に理由なんてありませんよ」

記念館の前には隊員達の墓碑が並ぶ。

記念館から坂を下り、トンネルを抜けると魚雷発射試験場跡に出る。魚雷はトロッコに乗せられ、天井クレーンで穴から海面に降ろされた。トンネルに今も鉄路の跡が残る。試験場から波穏やかな静かな海と青空が広がっている。死に逝く若者達もこの海と空を見ていたのだ。

フェリーで徳山に戻って創業文政二年（一八一九）の酒造「株式会社はつもみぢ」を訪ねた。ここでは、「回天」という名の酒も出している。相談役の原田茂さんに話を聞く。原田さんは、回天顕彰会の会長でもある。長兄は画学生として出征した。戦没学生の遺作絵画を展示している無言館（長野県上田市、P.191）の有力な支援者でもある。

「回天のことを知っておいてほしい。向き合ってほしい。平和への犠牲をいかしてほしいですね。この酒も回天という名前を残すためです」

静かな瀬戸の日暮れだ。暮れなずむ空に全国有数の石油コンビナートの工場夜景の明かりが広がる。「回天」を口に含みながら暗い海を見る。小さな魚が海の上ではねている。昼間、展示でみた遺言が浮かぶ。

「お父さん　お父さんの髭は痛かったです。お母さん　情けは人の為ならず　和ちゃん　海は私です」

和ちゃんは誰であるか知らない。愛する人であるのは確かだ。

いのりの海を照らす工場夜景の明かりは消えることがない。

翌朝も快晴だ。山陽路を下る。大正ロマンの面影を残した旧日下邸の喫茶室でコーヒーを飲んでコレクションを見ていると、素敵なガラス作品があった。聞けば、近くの湯野温泉の側にある工房で作られているそうだ。

田んぼに囲まれた工房は、古民家を改造したもの。若く魅力的なガラス作家、桜井彩さんに出会った。数千度もある窯の中から取り出された赤い塊が、彼女の手にかかると透明なガラス作品に変わる。一息入れながら、井戸の水を頂戴した。ほそくながい白い指が熱さに染まった赤い頬の汗をぬぐう。「光や風、見えないものを感じられるようなガラス作品を作りたいんです」と桜井さん。

帰りがけ、近くの湯野温泉で足湯にひたった。田んぼを渡ってくる風が時の流れをさわやかに変えていくのを感じた。

山口に立ち寄って、美術館で香月泰男の「シベリア・シリーズ」を見た。平成一六年（二〇〇四）東京ステーションギャラリーで没後三〇年展の香月の作品を見て以来、私はこの絵に憑かれた思いがしていた。「シベリア・シリーズ」は昭和二〇年（一九四五）の敗戦でシベリアの収容所に送られた記憶を描いたものだ。香月の絵ほど原画と複製画に違いのあるものはない。立体的に重ねられた黒い絵の具をどう見るか。本物を見なければ絵を語ることはできない。香月の使う黒は美しい。暗い黒の絵がなぜ美しいのか。それが少しわかったような気がした。香月の黒は死の影ではなく、生の影なのかもしれない。学芸員の萬屋健司さんの説明を受けながらそんな気がした。

日本に帰る最後の点呼を題材にした作品「点呼」には、「よくここまで私の体が持ちこたえてくれた」とコメントしている。

美術館近くの山口サビエル記念聖堂も新装後初めて訪れた。大きな幕屋（テント）風の教会と神を結ぶかのようだ。瑠璃光寺は変わりなく池にその姿を映していた。ベンチでちょっと甘みを抑えた「豆子郎《とうしろう》」を口に含むと、おいでませ山口」と思わず口ずさみたくなる味だ。

鎮魂そして新生。徳山、山口への旅は、平和をいのる優しい道のりだった。

〔『明日の友』二〇一七年八月二二九号〕

■周南市回天記念館―周南市大津島1960―☎0834・85・2310

■山口県立美術館―山口市亀山町3・1―☎083・925・7788

NO.30

海と緑の町 広島から江田島へ

早朝の新幹線で広島へ。広島は川と緑に囲まれた美しい街だ。

平和大通りには原爆でなぎ倒されたエノキが今はまったく別の木のように生い茂っていた。

年間約一三〇万人の入館者を迎える広島平和記念資料館（通称 原爆資料館）。入口には、八二五名の氏名が記され、「遺族を捜しています」と掲示がある。ここにあるのは過去ではない。

東館には歴史資料が新たに展示され、本館には、被爆以来止まったままの腕時計、

焼け焦げた下着等の遺品が展示されている。今も遺品はその数を増やしているという。吉永小百合さんの音声ガイドを聞きながら、小学生が熱心にメモを取っている。

外に出て平和公園のモニュメントをゆっくり見て歩く。公園の南西の隅に、児童の亡骸を抱えて立ち尽くす教師の像、「原爆犠牲国民学校教師と子どもの碑」。被爆当時、三年生以上の児童のほとんどは親元を離れて疎開していたが、二年生以下の児童と高等科の生徒の多くは広島市内に残り、二千人以上の子供と二〇〇人以上の先生が犠牲になった。碑文に歌人正田篠枝《しょうだしのえ》の歌。

太き骨は　先生ならむ　そのそばに
小さきあたまの骨　あつまれり

記念館の北側に、峠三吉の詩碑が、「ちちをかえせ　ははをかえせ　としよりをかえせ　こどもをかえせ……」と叫ぶ。平和の灯の東側に「祈りの像」、西側に「平和祈念像」、これは全国児童、生徒の醵金《きょきん》によったもの、「平和観音像」から、丸く土盛りして無縁仏の骨を納めた「原爆供養塔」、被爆による白血病で亡くなった少女の死をきっかけに、全国の児童・生徒からの寄付でつくられた「千羽鶴の碑」。市内には一五〇基以上の原爆の碑文があるそうだ。碑の多くが子供達への鎮魂のいのりである。爆心地から四六〇メートルの位置にあった袋町小学校へ。この小学校（国民学校）では、近くの町で建物の疎開作業に従事していた教職員一人と児童七〇人、校内に残留していた教職員一六人と児童一四〇人の命が一瞬のうちに奪われた。鉄筋コンクリートの校舎の中で奇跡的に助かった教頭先生の話。

校庭に出てみると、ちょうど、夜明けぐらいの明るさであった。女の子が一人、もんぺの布が少し残っただけの丸裸で倒れていた。そのまわりに、やはりまっ黒になった裸の児童が倒れていた。動く者はだれもいない。

（袋町小学校一二〇周年記念誌）

在籍児童八八六人の内、再開された翌年六月に登校したのは三七人であった。
平成一一年（一九九九）の旧校舎解体作業中、被爆直後に校舎の黒い漆喰壁に書かれた伝言板が見つかった。「右者御存知ノ方ハ左記ニ御知ラセアリタシ」等とチョークの跡。黒い壁から悲痛な叫びが聞こえる。

二日目。朝、広島港から江田島に向かい、海上自衛隊（旧海軍兵学校）の見学会に参加。案内書は、「白砂青松の緑の芝生に囲まれた塵一つない校庭、御影石の大講堂、赤レンガの旧生徒館等のどっしりとしたたたずまいが、昔日の面影を偲ばせています。構内にある教育参考館には、日露戦争で華々しい武勲を立てた東郷平八郎元帥の遺髪を始め、旧海軍関係の資料等約一三〇〇点が保存されています。特に神風特攻隊員達の遺書や遺品が見る人の胸を強く打ちます」と記している。米軍はこの島を標的からはずした。

校庭には、ハワイ真珠湾を攻撃した特殊潜航艇や、戦艦大和の主砲砲弾等が、戦後移設され、ピカピカに磨かれて展示されている。

配られた海上自衛隊のパンフレットには、「現兵力」として、「主要艦艇一四一隻主要航空機二一三機　四万四千人」とある。

自衛隊は、安全保障と大規模災害の救援の担い手を旗印に、「現兵力」と自称している。困難な現実に目をそらすことはできまい。だが、江田島が軍国主義を美化するならば、平和への願いと大きな意識の隔たりを持つことは確かだ。

午後から、江田島市役所の方の案内で、島をめぐった。春には「同期の桜」所縁の千本桜が瀬戸の海をバックに咲き誇る。牡蠣はもちろん、おいしいキュウリも特産品。穏やかなこの美しい島に、軍靴《ぐんか》を響かせてはならない。

三日目。爆心地から三・二キロの三滝寺《みたきでら》へ。駅から静かで落ち着いた町並みの中、ゆるやかな坂を登る。三滝寺は、周辺住民の避難先に指定されていた。「往来の人は、みんな灰か埃のようなものを頭から被っていた。血を流していなかったものは一人もいない。頭から、顔から、手から、裸体のものは胸から、背中から、腿から、どこからか血を流していた。……赤ん坊を抱いて、『水をくれ、水をくれ』と叫びながら、その声の合間に、赤ん坊の目に息を吹きつけている女もいた。赤ん坊の目には、灰か何か一ぱいたまっていた。声を限りに叫んでいる男、悲鳴を上げながら走る女や子供、……」(『黒い雨』)と、井伏鱒二は、この坂道の様子を描写している。

坂道の途中にぎっしりと並んだ無縁墓、坂を上りつめ、境内にはいると原爆碑や供養塔、思いを込めた歌碑や句碑が立ち並んでいる。

帰りがけ、四阿《あずまや》で氷水を食べていると、葉陰につややかな青蛙がじっとこちらを見ていた。この池にも黒い雨が濁流となって流れたのだ。

年齢と共に私は目をそらすことになれてきたのだろうか。日常の平和の中で過去の戦争を忘れてはならない。

毎年、八月六日午前八時一五分「ヒロシマ」は新たな朝を迎える。この日が真に平和への一歩を刻む時であることをいのりたい。

〔『明日の友』二〇〇九年八月一八一号〕

追記…オバマ前米大統領が二〇一六年五月広島を訪問し、核使用の道義的責任を明言し、核兵器廃絶に向けた演説を行ったことを忘れてはなるまい。今こそ私達は唯一の被爆国として、核兵器の廃絶を訴えねばならない。過去を忘れた者は未来を見失う。核廃絶は、人間がかけがえのない存在として生きるためのいのりの運動である。その責任を重く担うのは私達である。しかし、日本は、二〇一七年七月国連が採択した核兵器禁止条約に参加していない。その会議のテーブルにもついていない。

■広島平和記念資料館―広島市中区中島町1・2―☎082・241・4004
■海上自衛隊第一術科学校（旧海軍兵学校）―広島県江田島市江田島町―☎0823・42・1211

NO.31

神様の島 久《く》高《だか》島の心

「この島は神一色だよ。沖縄に残された最後の神の島だ。一握りの土も、一本の草木も、一滴の水もすべてこの島の共有物、神の物として生活の中にある。島の女性すべてが神になる島。古代神話が生活の中で生き続けているのだ」

那覇までのフライトで私は友人の饒舌なこの島への語りを思い出していた。沖縄の抱える現実の様々な問題、閉鎖社会の弊害・伝統の保持の困難さ・急激に進む過疎化、そして新たに建設されている基地、自然破壊、それらが頭の中で空転していた。

第4章
いのりの海へ

久高島への思いは、機中の私を屈折した沈黙に誘った。それはいつもの南の島への浮き浮きした旅気分とは異なっていた。

那覇の中心部からバスで約一時間、久高島への船乗り場安座真《あざま》港。私達が乗り場を探しかねて少しとまどっていると、乗ろうとしたフェリーが既に岸壁を離れている。同行の若いKさんが思わず手を振る。私はあきらめ、遠ざかる船を目で追った。周りで釣りをしていたおじさん達や少年が「もっと手を振れば戻ってくるさ」と笑顔で言う。それに力を得て、Kさんがもう一度大声で叫んだ。するとまさか戻るまいと思っていたフェリーが、舳先《へさき》を返し私達の砂浜へ戻って来たのである。小走りで駆け寄り手を伸ばすと、逞しく日焼けした海人《うみんちゅ》が私の手を強く鷲づかみにして、ぐいと船の中に引き入れてくれた。

海人は口を真一文字に閉じていて何も言わない。あわてふためいて私達はお礼ともつかない、陳謝ともつかないような挨拶を繰り返す。先に乗っていた島の人達も何ごともなかったかのようである。どこから来たの等と聞かない。大変だったね等ともちろん言わない。海人も島の人もブッキラボーで無表情のようでもある。

だがなんと澄み切った優しい目であろう。目が宝石のように笑っている。以前世話になった民宿のおばあさんと同じ目だ。神人《かみんちゅ》の目だ。船は青い海を久高島に向かった。私の屈折した沈黙は、青い空と海にとけていった。

安座真港から久高島の徳仁港《とくじん》までフェリーで二〇分（この時は五分遅れ）、海上約五・三キロ、一五年前は約一時間、相当揺れたが、今は静かな、あっという間の航海である。平成一四年（二〇〇二）のフェリー就航と港湾整備は、島の生活を激変させた。沖縄の本島から、気軽に自家用車でこの島に来ることができるようになり、港のフェリー発着所には食堂、土産物店ができ、遠く北海道からも修学旅行の一団がやって来る、これらはほぼ最近五年間余りの急激な変化であるという。この島のよさは多くの人に開放された。

島の周囲は、七・八キロ。高低差のほとんどない平らな島である。ゆっくり自転車で一周しても三時間はかからない。現在の人口は約二六〇人。長く六〇〇人ほどの人口であったというから、常態の半数を割っている。

沖縄開闢の神、アマミキヨは、最初にこの地に降りた。久高島を讃えたオモロ（神歌）

に「むかしはじまりやてだこ　大ぬしや、きょらや、てりよわれ」（昔が始まる時は日の大神が美しく照り、国造りをせよと命じられた）とある。この地は沖縄固有信仰の聖地である。

聖地を守ったのはこの地の女性達だった。昭和五三年（一九七八）を最後に行われなくなったが、久高島は十二年に一度午年に行われていた、イザイホーで有名である。島で生まれ育った三〇歳から四一歳までの女性が、神女《かみんちゅ》として祭祀参加の資格を得るための神事である。白装束を着た女性達が、夜のしじまに舞う時、神々が島の森に降臨する。新しい霊力を得た神女が生誕し、神そのものになるのである。

神は海のはるか彼方の東の海、ニライカナイから訪れて森に宿り豊かな幸せを与える。それ故に海の彼方から訪れたものを大切にする。沖縄のホスピタリティの原点である。その平和な心を裏切ったのが、海の彼方からやって来た「戦争」である。東の国の責任は重い。

日の出前の久高島は暗く、霊気に満ちている。四〇年以前には風葬が行われていた。仏教も儒教もこの島には縁遠いものであったという。祭祀はいっさいの装飾を拒否してきた。死者は、夜に地の底の道をくぐり抜けて東方のあの世に行くものと信じられている。神の宿る森にそのまま死者が帰ることは単純明快な帰結でもあった。鬱蒼と茂る原生林の夜の小道は、死と隣り合わせた空間である。私と同じく日の出を待ちに浜へ出ようとしているのであろう。蠢くように女性の声が聞こえる。集落から東海岸沿いを約二キロ、闇の小道をぬけると、イシキ泊《とまり》の浜に出た。

あいにくの曇り空、光芒は見えない。しばらくすると、雲間に微かに光が差した。ニライカナイは、太陽が昇るあたりにあると信じられている。そしてそこから、神は船に乗り黄金の壺を持ちイシキ浜に訪れる。

島のほぼ中心部に、神々が宿り、神女等のいのり場であるクボー御嶽《うたき》がある。男子禁制の場であり、立ち入ることのできるのは女性のみ。神の島にあるのは厳粛なる掟であり、その掟に従うことこそ古代への崇高な体感である。クボー御嶽から北へ、濃い緑のアダンの林を過ぎると大きな海原が広がる。まるで太古の海に出会ったような錯覚に陥る。カベールの岬である。背後には昼なお闇の如くクバ（ビロウ）の森が広がる。この森にイザイホーの前夜には鐘の響きと共に白馬に跨った神が降臨するのだ。

年老いた神女達は鐘の音をたしかに聞いたという。

久高島からの帰りに、世界遺産に登録された本島・知念の斎場《セイファー》御《う》嶽《たき》に立ち寄った。拝所はガジュマルの木が生い茂る小高い丘の上にある。まるで母の胎内のような洞窟の向こう、海上遥かに一幅の絵におさまり、神女が横臥し安らいでいるような久高島が見えた。島影にフェリーが微か見える。船が再び戻ってくるようだ。海人の穏やかな目が笑い、島に引き戻されるような気がした。

久高は神の島だ。静かな神の怒りを我々は忘れようとしているのだ。忘れてはなるまい。

〔『明日の友』二〇〇六年二月一六〇号〕

NO.32

水俣へ 潮の匂いの消えた海

熊本

二〇一七年、師走四日、大学のゼミが終わって出発したので、水俣に着いたのは午後一〇時過ぎであったが、ホテルに着く直前タクシーに海の方に回ってもらった。暗い海を見たいと思った。以前来たのは、湾が埋め立てを始めていた頃だ。汚染された湾の魚を仕切り網でせき止めて、その大量の魚と水銀ヘドロで湾を埋め立てる計画が進んでいた。

その時のことが沸き上がるように浮かんだ。チッソ工場の組合が二つに割れていた。新組合と旧組合のいがみ合いは、学校での子供の生活にも影響を与えていた。公害問題は、子供生活に深刻ないじめを生んでいた。

「ここの埋め立ては、上に何も建てられないんだよ。ただ広いだけさ。魚の死骸で出来てるからね、下にあるのは土じゃないよ。暗いよ。もっと先に行くの?」と運転手さん。

「久しぶりにちょっと海を見たいからね」

冥い海だ。波浪注意報が出た海は、黒く、岸壁に打ち寄せる波頭が白い。小型船が、四つ、五つとつながれていた。埋め立て地は「エコパーク水俣」と呼ばれている。暗い海の音をしばらく聞いて振り返ると大きな月が出ていた。

翌朝五日、自由学園最高学部二年生の研修旅行の男子学生一行と合流。案内は、学園最高学部卒業生の小泉初恵さん。水俣病センター相思社の職員だ。昨夜行けなかった「水俣病の慰霊の碑」へ。碑が建てられたのは二〇〇六年。水俣病の公式認定から五〇年後に書かれた説明文には、「水俣病で犠牲になったすべての人の魂をなぐさめ、環境破壊が引き起こす悲劇を二度とくりかえさないこと」を祈願し建立されたとある。犠牲者三九二名の名簿が納められている。この数は、認定死亡患者のすべてではない。悲劇が続いていることを忘れてはならない。慰霊の碑から怒りの声をくみ取らねばなるまい。昨夜闇に隠れていた恋路島が見える。小雨が不知火海を叩き続けている。

水俣湾を右手に見てバスが進む。入江になった水俣湾の中で、袋湾はさらに抱かれた胎内のようなところだが、さらにそれを堤防で挟みこむように小さな入江の湯堂湾がある。豊饒の海だった。その故に潮は流れることもなく、海の幸を閉じ込め、水銀をも押し込めたのだ。

石牟礼道子の『苦海浄土』冒頭の話は、次のごとく始まる。

年に一度か二度、台風でもやって来ぬかぎり、波立つこともない小さな入江を囲んで、湯堂部落がある。

そして一六歳（昭和二四年生まれ）の山中九平少年の悲しみがつづられる。野球が大好きな少年は胎児性水俣病患者としてこの地で生まれた。姉は水俣病で先に亡くなっている。少年の足と腰は不安定で、老人にさえ見えかねない。水俣病にさえかかっていなければ伸び盛りの元気な少年だ。彼は市役所からの検診を拒否してそのバスに乗らない。野球中継のラジオにくぎ付けになった少年は役場の人に背を向けている。

「長嶋がやっぱりいちばん調子のよかねえ。さあと、終わった。あば（そんなら）行こうか九平くん」

などと話しかけるのである。ダイヤルに手をかけている少年は、ようやく後むきのまま重く不明瞭な声で答えるのだ。

「いやばい、殺さるるもね」

そして、石牟礼はこの章を次のように結んでいる。

水俣病を忘れ去らねばならないとし、ついに解明されることのない過去の中にしまいこんでしまわねばならないとする風潮の、半ばは今もずるずると埋没してゆきつつあるその暗がりの中に、少年はたったひとり、とりのこされているのであった。

神ノ川に向かう途中で茂道の浜へ。

「海の匂いがしないでしょう。プランクトンがいないんですよ。魚が棲めません。きれいな海になったってこういうことなんですよ。以前は、鰯が山のようにとれてね」。振り返ると急斜面の山。「チッソ被害で海に出られなくなって、昭和五〇年頃から漁師の人達がミカンを作り始めたんですよ。甘くておいしいんですよ」と小泉さん。

　彼女の勤める相思社では、水俣病の患者さんの支援やチッソ被害の歴史資料などを集めている。急な坂を上り相思社に併設されている「水俣病歴史考証館」へ。海の恵み、畑の恵み、半農半漁の豊かな生活の歴史。そして土足で踏み荒らし生きることを奪ったチッソ工場汚染水銀排水の軌跡。水俣病の原因を探るために猫実験に使われた小屋も展示されている。水銀は神経細胞を破壊、母体を通して胎児に広がった。

　一九六〇年代終わり、患者が最初に裁判を起こした時、支援する人たちが作った「怨」の旗もある。私が二五歳の頃、結婚して間もなく、子供が生まれた頃だった。定時制高校の教員だった。水俣病への抗議はうねりのように広まっていた。大学紛争後、友人の一人は水俣に住み活動を続けた。「怨」の旗を前に酒を飲み夜を明かしたこともあった。忘れてはならないと心に誓った記憶がよみがえると言うのは、私の中で〈水俣〉が薄れていった証拠だ。老人の若き日への責任を思う。喜びを若者と共にすることも大事だが、自分の見た悲しみを伝え残さねばならない。物知り顔に勿体ぶって「水俣病は複雑な問題だよ」などと言うのだけは、金輪際やめようと思った。現実から逃げてはならないことだけは確かだ。

水俣の海を見おろす市立の水俣資料館にも足を運び、環境教育について学んでほしいと思う。そして、不便だが、静かに土の匂いをさせて厳しく建つ、歴史考証館もかならず訪ねたいところだ。

相思社の和室の仏壇に、皆で手を合わせた後、わっぱめしを食べた。これは絶品だった。あまりにゆっくりとした歩みだが、犠牲者へのいのりに海は応えているに違いない。

〔自由学園最高学部長ブログ『時に海を見よ　その後』第85回に加筆〕

■水俣病歴史考証館―水俣市袋34―☎0966・63・5800

■水俣市立水俣資料館―水俣市明神町53―☎0966・62・2621

NO.33

原発の海 請戸《うけど》の浜
福島浜街道

福島

二〇一七年三月三一日、二〇一一年の原発事故以降立ち入り禁止地域であった福島県浪江町の一部が避難指示解除になり、請戸の浜に立ち入りが許された。

この年の夏の終わりに請戸の浜を訪ねた。竜田駅で代行バスに乗り換えた。浪江駅までは大型観光バスといった感じで快適な乗り心地だ。狭いがトイレもついている。異なっているのは、運転席の後ろに放射線量を示すパネルがあることだ。駅を出るとすぐに車掌さんから注意。

「帰還困難区域を通り、放射線量が多くなりますので窓を開けないようにしてくださ い。窓からの撮影は結構ですが、バスの中での撮影はご遠慮ください」と。

富岡駅を過ぎ、震災前桜の名所としてにぎわった夜ノ森《よのもり》公園の側をバスが行く。

「百合の花が咲いてるわ」と言ったきり同行の妻の長い沈黙が続いた。

時間が止まっているのだ。大型スーパーの破れたままの窓。大型紳士服店の窓からは、つるしたままの服が見える。大きなパチンコ店の椅子はひっくり返ったままだ。

教会に似た宮殿風の結婚式場の前を通った時、後ろの席で声がした。

「甥っこがここで結婚式あげたんだ。披露宴は二〇〇人を超えたよ。酒樽も用意して、飲みすぎてさ……大騒ぎだ」「あんた酒癖わるいものね」少し酔っているようだ。締め切った窓で逃げ場を失ったアルコールの匂いが鼻をついた。「がんばろう富岡」といった看板の他に、「今を生ききる」といった看板もある。浪江駅前でバスを降りた。

浪江駅の前には、佐々木俊一が作曲した「高原の駅よさようなら」の歌碑がある。

しばし別れの夜汽車の窓よ　言わず語らずに心と心
またの逢う日を目と目で誓い　涙見せずにさようなら……

人気のない信号機の前に立つと小畑実が歌うこの曲が流れる。

浪江は高原の町ではない。佐々木が浪江町出身だという縁によるもの。この歌を歌える人がこの町に何人残っているのだろう。甘い追憶のロマンを誰が歌うのだろう。内陸部は農業や牧畜も盛んだったが、浪江は請戸の浜を中心とした漁業の町であった。駅前の商店街は六年間放置され、復興への道を歩み始めてはいるが荒涼とした凄惨な放射能汚染の傷痕が生々しく続く。駅の近くで菜園を耕している年配の夫婦を見かけた。散り散りになった夢を懸命に集めているのだろうか。避難指示解除対象地域の帰還者は、一パーセント台だそうだ。

大平山霊園から請戸の浜を見下ろした。津波で犠牲になった人の真新しい墓が並んでいる。墓碑銘には三月一一日の文字と各家の墓には小さな地蔵が並ぶ。広島の平和公園の裏手の寺の墓のことを思い出した。福島の現代詩人、二階堂晃子《にかいどうてるこ》の詩「生きている声」は叫んでいる。

……助けを待ち焦がれ絶望の果て／命のともしびを消していった人びとの地獄／
請戸地区津波犠牲者一八〇人余の地獄／それにつながる人々の地獄／放射能噴出

がもたらした操作不可能の地獄／果てしなく祈り続けても届かぬ地獄／脳裏にこびりついた地獄絵／幾たび命芽生える春がめぐり来ようとも／末代まで消えぬ地獄

（『悲しみの向こうに』）

浜に立つと、福島第一原発の排気筒の高い煙突が見えた。その煙突の手前に見えるのが請戸小学校だ。校庭にまるでモニュメントのような展望台がある。浜辺まではの四〇〇メートルほどだが、松林に覆われて海が見えなかったそうだ。子供達は、この展望台に上って太平洋の海原を見ていたのだ。屋根の下のコンクリート壁にへばりついた時計は、午後三時三八分で止まっている。

地震発生は、午後二時四六分。三時一五分、四年生男子が少年野球の練習で知っていた大平山への逃げ道を先生に教えた。野球少年を先頭に全員が大平山の山の中に入ったのは三時二五分。小学校が津波に飲み込まれたのが三時三八分だ。四時三〇分雪が降り始め、二年生以上の児童八一人、教職員一三人が、大型トラックで町の体育館に移動した。四時四〇分だった。（『請戸小学校物語　大平山をこえて』二〇一五年三月）

今、校舎には立ち入ることができない。

教室内の黒板の写真が、校門の前に掲示してある。黒板には、「天は乗り越える試練しか与えない。頑張れ請戸」「福島県警察」「陸自　未来を信じて　日本　請戸　陸上自衛隊四四連隊」などといった大きな文字にまじって「卒業式の練習が始まります」の連絡が書かれている。

波の音にこだまするように児童、生徒の元気な声が聞こえる。

海が呼ぶ天災は時の流れの中で子供達を強くたくましく育てる。しかし、原発が引き起こした人災は時を止めた。子供達に災禍をかぶせ放置しただけではないか。その中でも子供達は前を見ている。

二〇一六年一月四日「河北新報」には、避難した二本松市の仮校舎で授業を再開している浪江小の児童達の、「なみえっ子カルタ」が載っていた。

十日市　かならず買うよ　わたあめを
大漁旗　請戸になびく　出初め式
またおいで　となりのおばちゃん　お友だち

夏の終わり、近づく台風の影響で海は荒れ、港には新造の漁船が舫っていた。駅までのタクシー、運転手さんがしきりに「ここはカリカリ、ここはカリカリかな」とビニール袋を見て言う。何のことかしばらく理解できない。放射能汚染廃棄物の袋の仮置き場、そのまた仮置き場、そのまたカリカリ置き場のことだ。

福島の浜辺は、今、黒いビニール袋に覆われ、海が見えない。

いのりの海が見えないのだ。

目に見えない放射能は夕焼けを真っ赤に染めていた。

富岡駅から浪江駅までの常磐線再開は、オリンピックが開催される二〇二〇年三月までとされている。おそらくその時全線回復で祝賀の電車が浪江駅で汽笛を鳴らすだろう。不幸と禍根を置き去りにして電車は走り出すのだろうか。

私たちは原発事故を忘れてはならない。覚えておかねばならない。いのりはつらい記憶の海に刻印した悲しい忘れ形見だ。


〔自由学園最高学部長ブログ『時に海を見よ　その後』第79回に加筆〕

あとがき

「たまさか」から「いのり」の旅へ

二〇〇三年の夏、脳下垂体の大きな手術をしました。病気がようやく治り、大学の職務に復帰した二〇〇四年の正月、旅のエッセイを連載で書いてみないかと誘いを受けました。それまで、江戸文学研究から出ることもなかったのですが、病後の気ままな旅も悪くないと思いました。「たまさか紀行」と題した旅は、編集の小林恵子さん（立教時代の教え子）とカメラマンの境野真知子さんが一緒でした。この三人旅は実に気持ちよく続き、連載は、二〇一〇年の二月発売号まで続きました。

旅の六年余りで私は元気になりました。『明日の友』の旅は良薬でした。

連載が終わった年、立教大学を定年退職し、立教新座中学高校の校長になりました。翌一一年三月、初めて、卒業式の祝辞を述べようとした時に東日本大震災を経験しました。式は中止されましたが、祝辞は、インターネットで配信され、まったく思いもかけず反響を呼び、発表当日だけで四〇万アクセス、現在で八〇万アクセスということです。その時の祝辞「時に海を見よ」は、エッセイを加えて書籍化されました。未曾有の危機に文章を書く勇気を得たのも、『明日の友』の連載があったからです。二〇一五年、校長を七〇歳で定年退職した時、『明日の友』執筆が大きな縁となり、自由学園最高学部長に就任し現在に至っています。

「たまさか」は字を当てると、「邂逅」です。『万葉集』にこんな歌があります。

たまさかに我が見し人をいかにあらむよしをもちてかまた一目見む　柿本人麻呂

たまたま偶然に出会った人に、どのようなきっかけによって、また一目でも会うことができるだろうか

本書をまとめながら、旅先で出会った多くの人のことを思い出しました。すでに亡くなった方もいらっしゃいます。遭遇への感謝を、評論家亀井勝一郎は親鸞の言葉を引きながら、「邂逅への謝念」と言いかえています。

「謝念」はいのりです。出会った多くの人への感謝の思いにいのりを込めてこの本を

まとめました。また最近のブログからとった三篇を加えました。どうしても、福島の原発事故の海、水俣の不知火の海、さらに房総、館山の海を見つめる女性達のことを書き残しておきたいと考えたからです。

七三歳を越えました。以前は、考えることもありませんでしたが、近頃、「神様に何をもって行こうか」などと考えます。「楽しかったですよ、いい思い出がたくさんできましたよ。ありがとうございます」。そんな風に考えていました。

二〇一一年の東日本大震災、そして福島原子力発電所の事故。多くの人がそうであるように、これらの大きな災害は、社会に対する私の見方を大きく変えました。もちろん、変わらないものもありますが、旅の中で感じることも変わりました。旅の終わりに道を歩む時浮かんでくるのです。

「悲しかったですよ。寂しい思い出もたくさんできました。こんなことも起きているのですよ」と神様に報告しなければと……。

生きていること、生かされていることへの感謝とは、悲しみを伝えることなのかもしれない。若さには、嬉しさや喜びに有頂天になることが許されています。しかし、長く時間を見つめてきたものには、若者とは異なった責任があるような気がするのです。他者を気にかけ周囲に目配りしなければならなかった壮年とも違います。

人生経験から得た、分別くさいわけしり顔ではなく、老いることによって得ることのできる正直さ、正義への謙虚さ、勇気です。誤解を恐れずに言えば、老いることによって得た孤独の特権です。真正面から自分と向き合うことのできる時間が来たのだとも言えます。老いの自由です。

そして悲しみを伝えることもいのりなのではないでしょうか。

旅とは、一歩前に出ることです。歴史を包む豊饒なる海への感謝と未来へのいのりをこめて、「いのりの海へ」新たなる旅立ちに向かいたいと思います。東日本大震災の時、卒業する若者たちに伝えたメッセージをもう一度読者にも伝えたいと思います。

「時に海を見よ」と……。

旅のきっかけと自由学園へのご縁を橋渡ししていただいた婦人之友社、旅先で出会った多くの方々、そして末尾になりましたが、本当に大きな支えをいただいた『明日の友』の読者の皆さんに心より感謝を申し上げます。

渡辺憲司（わたなべ・けんじ）
1944年北海道函館市生まれ。立教大学文学部日本文学科卒業後、横浜市立横浜商業高等学校（定時制）・私立武蔵高等学校・中学校教諭、梅光女学院大学（現梅光大学）助教授、立教大学文学部教授をへて、名誉教授に。2010年8月より2015年まで、立教新座中学・高校校長。現在、自由学園最高学部長。専門は江戸文学研究。文学博士。著書に『近世大名文芸圏研究』（八木書店）・『江戸遊女紀聞』（ゆまに書房）『時に海を見よ』（双葉社）など。『明日の友』で'04年より6年間「たまさか紀行」を連載。

いのりの海へ

2018年3月15日 第1版発行

著者
渡辺憲司

発行所
婦人之友社
〒171-8510
東京都豊島区西池袋2-20-16
電話 03-3971-0101
振替 00130-5-11600

カバー・本文イラスト
ヤマグチカヨ

写真
境野真知子（本社）

装幀・デザイン
芝 晶子、廣田 萌（文京図案室）

印刷・製本
大日本印刷株式会社

©Kenji Watanabe 2018 Printed in Japan
ISBN978-4-8292-0860-1

明日の友《あすのとも》

1973年創刊
隔月刊 偶数月5日

健やかに年を重ねる生きかた

人生100年時代、いつまでも自分らしく生きるために。衣・食・住の知恵や介護、家計、終活など充実の生活情報、随筆、対談、最新情報がわかる健康特集が好評です。

婦人之友

1903年創刊
月刊 12日

生活を愛するあなたに

衣・食・住・家計などの生活技術の基礎や、子どもの教育、環境問題、世界の動きなどを、読者と共に考え、楽しく実践する雑誌です。

かぞくのじかん

2007年創刊
季刊 3、6、9、12月5日

子育て世代の
“くらす・そだてる・はたらく”を考える

小さな子どもがいても、忙しくても、すっきり暮らす知恵とスキルを身につけ、温かく、くつろぎのある家庭をめざす、ファミリーマガジンです。

お求めは書店又は直接小社へ
☎ 03-3971-0102　fax. 03-3982-8958

ホームページ　婦人之友社　検索

近代史日本とアジア 上・下

古川万太郎 著

上 日清戦争からシベリア出兵まで、朝鮮・中国へ勢力拡大した日本。下 満州事変から日中国交正常化まで、太平洋戦争はなぜ起きたのか。 上１７００円／下１６００円

メスとパレット Ⅰ～Ⅳ

森 武生 著

『明日の友』の連載をまとめた４冊。外科の第一線で活躍し、患者と家族を支える大腸ガン治療の名医の随筆集。学会や手術指導で訪れた世界各地の体験を綴った旅日記とスケッチも掲載。 Ⅰ・Ⅱ１６５０円／Ⅲ・Ⅳ１７００円

こころの座標軸

犬養道子 著

独特の語り口で説く、日常の出来事から世界情勢まで。人間の本質を描き出し、人生の真髄に迫ります。今日を生きる力が湧きます。

１５００円

生きる 描く 愛する 四十二人の名画家物語

田中穣 著

著者が画家と直に対話し生まれたエッセイ。作品誕生の秘話や忘れられない一言から、１枚の絵にこめる巨匠たちの思いや人生に迫ります。

１８００円

シミジミしたり 元気がでたり 漢詩名句の味わい方

村山孚 著／漢詩を作ってみよう 大藤宏

身近な漢詩を生活に引き寄せて鑑賞。名句62篇を解説で味わい、付録のＣＤで中国語の朗詠を聞き、漢詩作りにも挑戦できます。

２２００円

２０１８年３月現在 表示価格に消費税が加算されます。

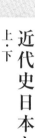

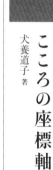